Schmitt-Hartmann · Methodik

Die Reihe BELTZ Lern-Trainer wird herausgegeben von Wolfgang Endres

BELTZ Lern-Trainer

Reinhard Schmitt-Hartmann

Methodik

Neuer Spaß am Lernen
für Schüler und Schülerinnen

6.-9. Klasse

Beltz Verlag · Weinheim und Basel

Über den Autor:

Reinhard Schmitt-Hartmann, Jg. 1965, ist Mathematik- und Physiklehrer, unterrichtet seit 1988 Lernmethodik am Studienhaus St. Blasien und leitet seit 1993 das Lernmethodik-Seminar Freiburg.

Vielen Dank meinen Eltern und Jürgen Kury für ihre Geduld und die wertvollen Hinweise.

Die Deutsche Bibliothek – CIP-Einheitsaufnahme

Schmitt-Hartmann, Reinhard:
Methodik : neuer Spass am Lernen für Schüler und
Schülerinnen ; 6.–9. Klasse. – Weinheim ; Basel : Beltz, 1995
(Beltz Lern-Trainer)
ISBN 3-407-38022-4

Lektorat: Ingeborg Strobel, Peter E. Kalb

Herstellung und Innenlayout: Ute Jöst Publikations-Service, Weinheim
Satz (DTP): Satz- und Reprotechnik GmbH, Hemsbach
Umschlaggestaltung: Zembsch' Werkstatt, München
Zeichnungen: Sabine Stengl und Jörg Wassenberg
Grafische Elemente nach Entwürfen von Markus Olivieri
Printed in Germany

ISBN 3-407-38022-4

Inhaltsverzeichnis

Inhaltsverzeichnis

Das A-Feld

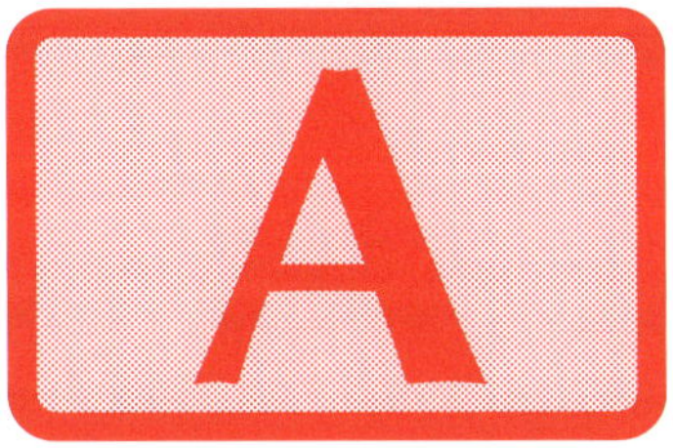

Anhalten

Immer, wenn du an ein solches Feld kommst, ist es Zeit, anzuhalten und über das Gelesene oder Geübte kurz nachzudenken

Auswählen

Am Ende des Buches findest du eine große Auswahl an Merksätzchen, flotten oder dummen Sprüchen. Suche dir einen aus, der dir jetzt im Moment am besten paßt.

Aufhören

Dann hast du auch genug geschafft. Du weißt ja, wer allzugroße Schritte macht, läuft auch Gefahr, daß ihm schnell die Puste ausgeht.

Aufkleben

Zu guter Letzt klebst du den ausgesuchten Aufkleber in dieses Feld – als Belohnung sozusagen. Mit der Zeit entsteht auf diese Weise dein ganz persöhnlicher Lern-Trainer.

1. Neuer Spaß am Lernen für Schüler und Schülerinnen?

Wie bitte? Spaß am Lernen? Ist das etwa eines dieser komischen Versprechen, die man immer wieder in Zeitungen findet? Oder ist das vielleicht nur ein schlechter Witz, und das Buch entpuppt sich beim näheren Hinschauen dann doch als gewöhnliches Schulbuch?

Bevor ich dir auf diese Fragen eine Antwort gebe, möchte ich dich in diesem Zusammenhang zu einem kleinen Gedächtnis-Experiment einladen. Dabei wirst du bereits mit einem ersten Lerntrick Bekanntschaft machen…

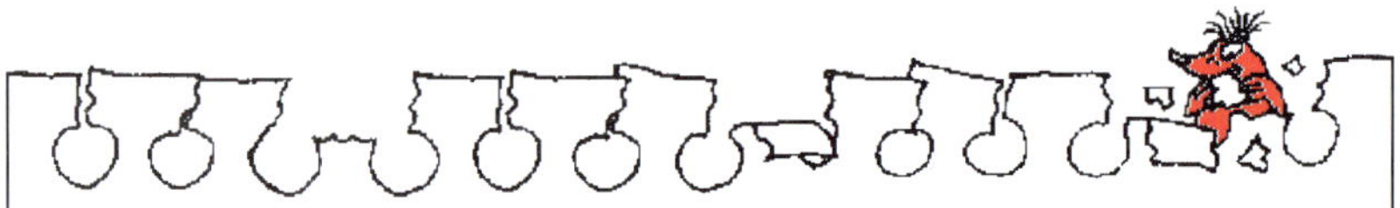

Übung

1. Teil: Versuche bitte, dir die nachstehenden 15 Wörter innerhalb von zwei Minuten zu merken:

Brot	**Huhn**	**Motorrad**
Füller	**Lampe**	**Kanne**
Poster	**Ofen**	**Decke**
Hose	**Garten**	**Eimer**
Wagen	**Stuhl**	**Fisch**

Sind die zwei Minuten um? Dann schau doch mal, was du dir alles gemerkt hast. Nimm dir ein Blatt Papier und schreibe – ohne auf die Wörter zu schauen – die Begriffe auf, die dir jetzt noch einfallen.

Neuer Spaß am Lernen ...

Normalerweise schafft ein Mensch etwa sieben Wörter. Das hängt natürlich ganz von der Tagesform ab. Manchmal wollen einem die Wörter einfach nicht in den Kopf, während man sich an anderen Tagen sogar mehr als zehn Wörter merken kann.

Jetzt aber zum zweiten Teil des Experimentes:

Übung

2. Teil: Du erhältst wieder 15 Begriffe. Aber diesmal in Form einer Geschichte. Versuche in diesem Teil des Experimentes bitte nur, dir die Geschichte ganz genau bildlich vorzustellen. Nimm dir gar nicht vor, die Wörter zu behalten. Es geht einzig und allein darum, sich von der Geschichte ein Bild zu machen. Auch wenn die Geschichte an der einen oder anderen Stelle komisch oder merkwürdig ist.

Als erstes stelle dir einen schönen großen ***Baum*** vor. Du gehst zu diesem Baum und entdeckst in ihm ein ***Spiel***. Du machst das Spiel auf und siehst, daß in dem Spiel lauter ***Stifte*** sind. Diese Stifte nimmst Du und malst damit in aller Ruhe eure ***Haustür*** kunterbunt an. Plötzlich erschreckst du, weil von hinten ein großer ***Ball*** gegen die Tür donnert. Du drehst dich herum, um zu sehen, wer den Ball geworfen hat, und siehst voller Erstaunen deine ***Großmutter***, welche sich für den etwas kräftigen Wurf entschuldigt. Du gehst mit ihr zusammen in das ***Wohnzimmer*** und bist schon ein wenig überrascht, als ihr dort eine ausgewachsene ***Kuh*** vorfindet. Bemerkenswert ist zudem, daß diese Kuh einen ***Sattel*** trägt, in dem deine

Neuer Spaß am Lernen ...

Mathematiklehrerin sitzt und dabei ***Strümpfe*** stopft. Du hast aber leider gar keine Zeit, dich darüber zu wundern, denn plötzlich wirst du von einem **Bienenschwarm** überrascht. In letzter Sekunde gelingt es dir, in euren ***Keller*** zu flüchten, wo du in einem ***Regal*** unerwartet eine riesige Kiste mit ***Bonbons*** vorfindest. Und während du die Süßigkeiten in dich hineinstopfst, denkst du immer wieder: Irgendwie war es ja merkwürdig.

Jetzt nimm dir doch einmal fest vor, diese Geschichte und damit auch die Wörter zu vergessen! Also genau das, was du normalerweise gerade nicht machen solltest. Vergiß sie! Behalten ist nicht erlaubt!

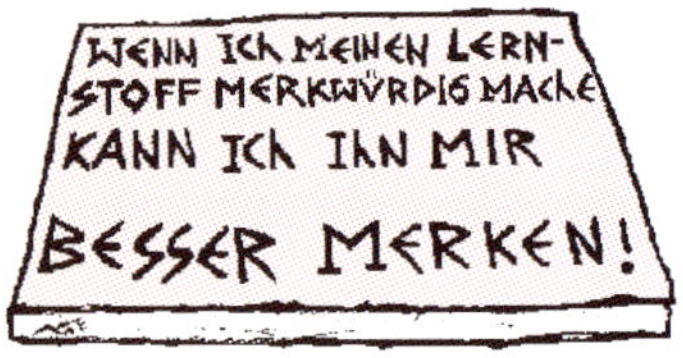

Schon vergessen? Du hast vermutlich bemerkt, daß das gar nicht so einfach ist. Gerade die merkwürdigen Wörter (würdig zu merken) bleiben sehr oft noch in Erinnerung, selbst wenn wir uns das gar nicht vornehmen.

War das überhaupt noch Lernen? War das der übliche Streß, der einem bei dem Wort Lernen einfällt?

Im Grunde genommen hast du dir ja noch viel mehr als die 15 Wörter gemerkt. Du hast ja eine ganze Geschichte behalten. Mit der Geschichte hast du auch die Reihenfolge der Wörter ganz automatisch mitgelernt. Beim Lernen ist manchmal weniger mehr. Mit diesem kleinen Trick der Geschichte war Lernen plötzlich nicht mehr unangenehm und anstrengend.

In diesem Buch wirst du eine Menge Tips und Tricks dieser Art finden, mit denen du dir das Lernen erleichtern kannst. Dabei versucht das Buch, dir auf folgende Fragen Antworten zu geben:

Neuer Spaß am Lernen ...

- *Die Hausaufgaben.* Wie kann ich meine Hausaufgaben sinnvoll einteilen, so daß ich sie möglichst schnell und einfach erledigen kann?
- *Das Gedächtnis und die Merkfähigkeit.* Wie funktioniert das Gedächtnis überhaupt? Welche Tricks haben Gedächtniskünstler zum Beispiel aus der Sendung »Wetten daß«? Welche Möglichkeiten gibt es, Vokabeln wirklich effektiv zu lernen?
- *Motivation und Konzentration.* Wie kann ich meine Motivation und Konzentrationsfähigkeit steigern, um so schneller und damit erfolgreicher zu lernen?
- *Die Klassenarbeit.* Wie bereitet man sich optimal auf eine Arbeit vor? Was kann man gegen Klassenarbeitsangst und den berühmt-berüchtigten Blackout unternehmen?

Du kannst das Buch als eine Sammlung von Lernhilfen betrachten. Die Betonung liegt hier auf dem Wort Hilfe. Achte deshalb darauf, daß das Lesen dieses Buches nicht selbst zum Streß wird. Lese deshalb nie mehr als ein Kapitel auf einmal! Auch wenn du mal so richtig in Fahrt gekommen bist. Es ist auch nicht notwendig, das Buch der Reihenfolge nach zu lesen. Du kannst dir immer die Stellen des Buches heraussuchen, die dir am interessantesten erscheinen. Seiten können ohne Bedenken überschlagen werden. Es geht darum, daß du dir die Rosinen aus diesem »Lernkuchen« herauspickst. Jede Verbesserung in deinem Lernverhalten bringt dir Zeit, die du anders sicher viel besser nutzen kannst, oder? Und sobald du siehst, daß du die Zeit, die du lernst, auch wirklich effektiv nutzt und dadurch erfolgreiche Ergebnisse erzielst, wirst du vielleicht merken, daß das Lernen das eine oder andere Mal sogar wirklich Spaß machen kann.

In diesem Sinne hoffe ich, daß ich dir ein wenig Appetit auf diesen »Lernkuchen« machen konnte, und wünsche dir, auch wenn es schon etwas abgegriffen klingt: Viel Spaß!

Reinhard Schmitt-Hartmann

2. Hausaufgaben

2.1 Hier bin ich der Chef

Als Schüler hat man es ja gut! Jeden Tag darf man – fit wie ein Turnschuh – in die Schule gehen, den Unterricht mit einer unbegrenzten Aufmerksamkeit verfolgen – womöglich auch noch Interesse zeigen –; dann, nach diesem langen Arbeitstag, nach Hause flitzen und dort freudig an die Hausaufgaben springen. Bist du auch so einer? Wenn ja, dann kannst du das Buch an dieser Stelle hier mit gutem Gewissen schließen und in einem hohen Bogen in den nächsten Mülleimer befördern. Auf gehts!

So, jetzt sind wir hoffentlich unter uns. Du gehörst also nicht zu jener Art von Schülern. – Das ist gut so. Denn wenn man immer nur das macht, was die anderen von einem verlangen, kommt man im Leben auch nicht weit. Wozu habe ich denn das komische Ding da auf meinem Hals?

Wenn aber die Lehrer und Eltern so viel von einem verlangen, wollen wir doch einmal sehen, ob wir nicht das eine oder andere selbst bestimmen können. Wir sind ja immerhin die Hauptpersonen!

Wenn wir es genau nehmen, können wir das Lernen für die Schule in zwei Phasen einteilen. Zum einen wäre da das Lernen morgens in der Schule selbst. Dort wäre es sicher schön, wenn wir die Mathe-Stunde kurzerhand gegen eine Video-Spiel-Trainings-Stunde eintauschen könnten. Zwar können wir das nicht (das könnten noch nicht einmal deine Eltern oder Lehrer, selbst wenn sie es woll-

ten), aber mit ein klein wenig Übung kann man selbst Lehrern – ohne daß sie es merken – ein bißchen sagen, wie sie unterrichten sollen.

Dann gibt es noch den zweiten Teil des Lernens: die Hausaufgaben. Zumindest da könntest du der Chef sein. Denn hier gibt es keinen Lehrer, der an deinem Schreibtisch sitzt und dir sagt, wie du deine Hausaufgaben zu erledigen hast. Die Lehrer geben dir lediglich vor, *welche* Hausaufgaben du machen sollst. Alles andere bleibt im Grunde genommen dir überlassen. Denn schließlich mußt du die Arbeit erledigen und nicht deine Lehrer! Du wirst sehen, daß du eine ganze Menge selbst bestimmen kannst. Es ist entscheidend, daß du diesen Vorteil auch wirklich nutzt und ihn nicht anderen überläßt. Überlegen wir doch einmal gemeinsam, welche Entscheidungsmöglichkeiten du bei deinen Hausaufgaben hast:

Da kannst du dir z.B. überlegen, *wann* du deine Hausaufgaben erledigst. (Oder hat dir dein Lehrer einmal Hausaufgaben in folgender Form aufgegeben: »Bitte schreibt die Übersetzung heute nachmittag von 16.35 Uhr bis 17.07 Uhr!«?) Du könntest die Hausaufgaben also direkt nach der Schule in Angriff nehmen, sie am frühen oder späten Nachmittag machen oder du könntest dir damit bis zum nächsten Morgen während der Busfahrt zur Schule Zeit lassen.

Ferner kannst du dir die Hausaufgaben selbst einteilen. *Du* bist derjenige, der entscheiden sollte, mit welchem Schulfach du deine Hausaufgaben beginnst. Da stellt sich zum Beispiel die Frage, ob es günstiger ist, eher mit den leichten Aufgaben oder mit den schweren anzufangen? Ist es ratsam, zwei Sprachen, sagen wir Englisch und Französisch, hintereinander zu lernen? Wann sollte man die mündlichen Hausaufgaben erledigen? Zwischen Krimi und Zähneputzen? Oder kann man die mündlichen Hausaufgaben vielleicht sogar ganz weglassen? *Wo* willst du deine Hausaufgaben überhaupt erledigen? Wie sieht ein Arbeitsplatz aus, an dem dir das Lernen möglichst einfach fällt?

Hausaufgaben

Du siehst also, du kannst eine ganze Menge Entscheidungen treffen. Das mit dem Chef war deshalb gar nicht so weit hergeholt! Nun hast du gesehen, daß es verschiedenste Möglichkeiten gibt, die Hausaufgaben zu erledigen. Dann muß es auch welche geben, die dir die Arbeit erleichtern. Diese sind für uns als Schüler natürlich interessant. Von ihnen soll in den nächsten Abschnitten die Rede sein. Aber ich denke, dazu können wir uns bis morgen Zeit lassen. Für heute soll es genug sein. Denn ein ganz wichtiger erster Tip ist:

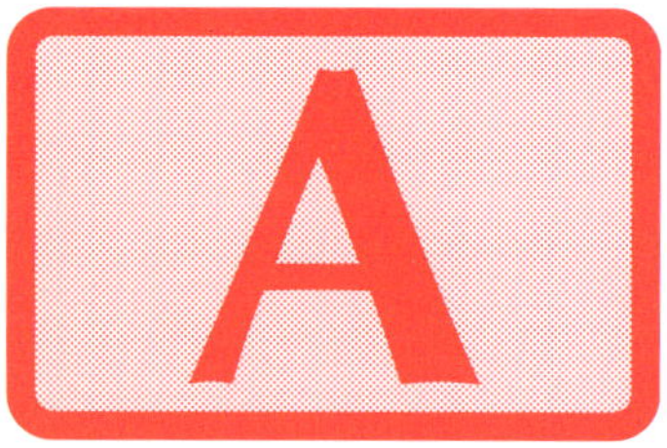

TIP

Lerne nie zuviel auf einmal!

Wenn du willst, kannst du dir noch einen Aufkleber aussuchen und ihn hier in das A-Feld einkleben. Bis demnächst dann.

2.2 Aller Hausaufgabenanfang ist … einfach!

In dem letzten Abschnitt hast du gesehen, daß man als Schüler bei den Hausaufgaben eine ganze Menge selbst bestimmen kann und soll. Diese Möglichkeiten wollen wir jetzt einmal genauer unter die Lupe nehmen.

Fangen wir also an! Apropos anfangen, wie fängt man eigentlich am besten an? Können wir uns da einfach einen alten Spruch zu Hilfe nehmen? Aller Anfang ist ja bekanntlich … aber moment mal – stimmt, der Spruch in der Überschrift ist ja vollkommen falsch, oder? Heißt der nicht: Aller Anfang ist schwer? Aller? Also auch der der Hausaufgaben? Sollten wir daher nach dem Motto »Von Anfang an volle Möhre« losarbeiten? Oder ist es vielleicht geschickter, mit etwas Einfachem zu beginnen? Oder ist vielleicht das »Mal-schaun,-was-zuerst-im-Schulranzen-liegt-Prinzip« die (ideale) Lösung?

Hausaufgaben

Weil ich das für so ein wichtiges Thema halte, will ich an dieser Stelle ein bißchen ausholen. Hast du schon einmal einen Spitzensportler, zum Beispiel einen Tennisspieler beobachtet, was der vor dem Spiel macht? Richtig, der spielt sich vorher ein. Das heißt, er spielt mit seinem späteren Gegner ein paar einfache Bälle. Warum macht der so einen Blödsinn, wenn er doch keine müde Mark dafür erhält?

Aber ich glaube, du weißt schon, warum sich die Tennisspieler einspielen müssen. Sagen wir mal, der Tennisspieler hätte vor dem Spiel ferngesehen. Wenn er jetzt auf den Tennisplatz kommt, ist sein Körper noch nicht auf Sport eingestellt. Denn der Körper benötigt immer eine gewisse Eingewöhnungszeit, ehe er Höchstleistungen erbringen kann.

Wie bitte, du glaubst mir nicht? Dir sollte man die Hammelbeine langziehen! Wie ist es denn bei dir, wenn du abends ins Bett gehen sollst? Richtig, dann hast du keine »Böcke«, weil du noch nicht müde bist. Der Körper ist noch nicht auf *Schlaf* eingestellt. Und wie ist es, wenn ich fragen darf, am nächsten Morgen, hä? Ich nehme an, daß es dir dann wie mir ergeht: Man kommt einfach nicht aus dem Bett. Der Körper ist beim Wecken halt noch nicht auf *Wach-Sein* eingestellt. Wie wäre es, wenn du direkt nach dem Aufstehen eine Mathe-Arbeit schreiben müßtest. Grausam, oder? –

Die notwendige Umstellung müssen wir aber auch irgendwie bei unseren Hausaufgaben berücksichtigen. Denn Hausaufgaben sind ebenfalls eine Art Sport. Ein (Denk-)Sport, der unseren Kopf anstrengt. Deshalb dürfen wir uns beim Beginn unserer Hausaufgaben auch nicht überfordern, das heißt, wir sollten versuchen, immer mit etwas Leichtem zu beginnen. Such dir zuerst das heraus, was dir am meisten Spaß macht. Wie der Tennisspieler kannst du dich so auf die Hausaufgaben »einspielen«.

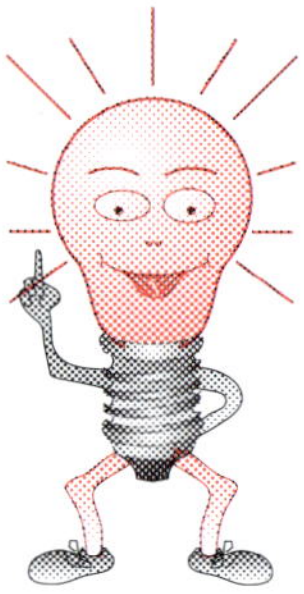

Hausaufgaben

Wenn du mit etwas Leichtem anfängst, hast du noch einen zweiten Vorteil: Du hast sehr schnell etwas geschafft. Das hört sich jetzt vielleicht nach Selbstbetrug an. Und ich kann dir in diesem Punkt nur Recht geben: Es ist Selbstbetrug! Aber einer, der hilft, indem er dir das Lernen erleichtert. Und unter diesen Umständen, finde ich, ist Selbstbetrug immer erlaubt. Deshalb möchte ich das Ganze zu einem sehr wichtigen Tip zusammenfassen:

Fange stets mit etwas Einfachem an!

Bist du erst einmal warm, kannst du dich auch an die schweren Hausaufgaben wagen. Wie man die schweren Hausaufgabenbrocken geschickt einteilt, wirst du im nächsten Abschnitt erfahren. Für heute ist es aber mal wieder genug. Wenn du willst, kannst du dir vielleicht noch einen Aufkleber aussuchen und ihn hier in das A-Feld kleben. Bis bald, tschüs.

2.3 Das Hauptgericht

Neulich war ich mit ein paar Freunden für ein Wochenende auf einer Hütte im Schwarzwald. Dort haben wir drei Tage lang einen Geburtstag gefeiert. Obwohl ich ja gar nicht so ein eingefleischter Naturtyp bin, muß ich doch zugeben, daß mir das Wandern dort zum ersten Mal in meinem Leben wirklich Spaß gemacht hat. Das hätte ich nie für möglich gehalten, da ich die sonntäglichen Familienspaziergänge mit meinen Eltern immer ziemlich spießig fand. Aber so ist das eben; gelegentlich ändert man seine Meinung. Und das ist ja auch ganz gut so. Man lernt halt dazu.

Auch die längste
Reise beginnt
mit dem
ersten Schritt
(Chin. Sprichwort)

*Macht der Lehrer
einmal schlapp –
sind die Schüler
schon auf Trapp*

Manche Lehrer
sind wie
Diamanten –
man muß sie
mit Fassung tragen

*Es ist nicht alles
Käse, was
mittlere Reife hat*

I always
understand
only
railway-station

**Wer den Hafen
nicht kennt,
für den ist
kein Wind günstig**

Ich weiß
nur das, was
ich wissen will

**Lernen heißt nicht
einen Becher
zu füllen, sondern
ein Feuer
zu entfachen**

Sonntags
frei –
Spass dabei!

*Dem Überflüssigen
nachlaufen, heißt
das Wesentliche
zu verpassen
(Jule Soliège)*

**ALLES ROGER
IN
KAMBOCHER!**

Bei den
Hausaufgaben
bin ich
der Chef!

**Auf die
Dauer hilft
nur Power!**

WISSEN IST MACHT:
NICHTS WISSEN
MACHT
AUCH NICHTS

ich bin
fix & foxi!

*Keine Panik
auf der
Titanik!*

Hast du
gute Tricks –
geht mehr
in den Grips!

*Ohne Tücke:
Mut zur Lücke*

**Gut notiert,
ist
halb kapiert!**

Wer behalten
will, muß
loslassen können

**Mit allen Sinnen
gelernt, ist
sinnvoll gelernt**

*Dröhnung in
den Ohren – geht
mir Zeit verloren!*

**ICH BIN
PAUSENREIF!**

**Nur Aktion
bringt
Satisfaktion!**

2

Hausaufgaben

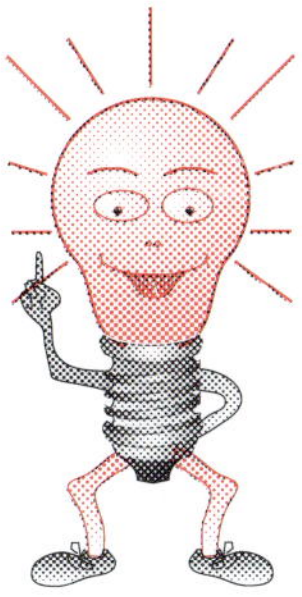

An den Abenden haben wir dann immer ausgiebig gefeiert. Es war einfach alles Klasse! Jedenfalls fast alles. Denn das Essen war im Gegensatz zu allem anderen ziemlich eintönig. Wir hatten es leider versäumt, uns mit dem Esseneinkaufen abzusprechen. Wie der Zufall es wollte, kam fast jeder auf die Bomben-Idee, Spaghetti mit Tomatensauce einzukaufen. Im Grunde genommen würde ich mich ja als regelrechten Spaghetti-mit-Tomatensauce-Fan bezeichnen, aber das war dann doch zuviel. Von Freitag mittag bis Sonntag abend gab es immer nur: richtig, Spaghetti mit Tomatensauce. Uns hingen die vorher so geliebten Spaghettis zum Hals heraus. Es war einfach keine Abwechslung da, und es dauerte eine ganze Weile, bis die Spaghettis wieder auf meinem Speiseplan standen.

Wahrscheinlich hast du auch schon einmal die Erfahrung gemacht, daß selbst die tollsten Sachen auf Dauer langweilig werden können. – Das ist nicht nur beim Essen so. Jeden Tag von mittags bis abends fernsehen (schon mal getestet?) wird auf die Dauer langweilig. Und vielleicht ist dir auf der anderen Seite schon einmal aufgefallen, daß dir eine Sache, die du schon lange nicht mehr gemacht hast, plötzlich wieder Freude bereitet hat. Wie beim Essen kommt es halt auf die richtige Mischung an.

Noch wichtiger ist eine solche richtige Mischung beim Erledigen deiner Hausaufgaben. Wenn du drei Stunden Mathematikaufgaben löst – auch wenn das deine liebste Hausaufgabenbeschäftigung sein sollte –, dann muß dir dieses Lernen irgendwann ja zuwider werden. Möglicherweise ist es dir ja auch einmal passiert, daß du nach so viel Mathe plötzlich richtig »Böcke« auf Vokabellernen bekommen hast? Die Abwechslung kann also ebenso bei den Hausaufgaben hilfreich sein. Aber wie soll man das bei den Hausaufgaben hinkriegen?

Zunächst kannst du darauf achten, nicht mehrere Sprachen hintereinander zu lernen. Wer schreibt dir zum Beispiel vor, Englisch und Französich oder Deutsch direkt hintereinander zu lernen? Nie-

Hausaufgaben

mand, oder? Es wäre doch abwechslungsreicher, wenn du dir möglichst unterschiedliche Aufgaben hintereinander vornimmst. Dabei kannst du mündliche Hausaufgaben geschickt zwischen schriftliche legen. Denn es kann eine gute Abwechslung sein, den Stift nach einer Weile aus der Hand zu legen, um zu lesen. Du siehst, mit ein bißchen Überlegung kannst du eine ganze Menge Abwechslung in die Hausaufgaben bringen.

Abwechslung vertreibt Langeweile!

So, jetzt habe ich dir aber so viel erzählt, daß ich dich nun auch einmal zum Zuge kommen lassen will. Zur Abwechslung sozusagen. Wenn du fit bist, will ich dich nämlich zu einem kleinen Lern-Experiment einladen. Sollte es dir aber zu viel werden, ist hier eine kleine Pause angesagt.

Auf den nächsten Seiten (noch nicht umblättern) findest du eine Reihe von Mathematikaufgaben (weiterlesen!), die in Kästchen stehen. Das erste Kästchen sieht zum Beispiel folgendermaßen aus:

$6 - 5 + 5$	
$3 + 4 + 4$	___

Die beiden Aufgaben im Kästchen ergeben:

$6 - 5 + 5 = 6$ und
$3 + 4 + 4 = 11$

Du sollst nun die kleinere von den beiden Zahlen (in unserem Fall die 6) von der größeren Zahl (11) abziehen. In unserem Beispiel würden wir also $11 - 6 = 5$ als Endergebnis erhalten, das wir auf den Strich schreiben:

Hausaufgaben

6 − 5 + 5	
3 + 4 + 4	5

Dann können wir zum nächsten Kästchen übergehen.

Ist dir klar, wie es geht? Probiere es doch einmal selbst aus. Was wäre das Ergebnis des folgenden Kästchens:

3 + 2 + 1	
9 − 8 + 2	__

Wenn du 3 als Ergebnis auf den Strich im Kästchen geschrieben hast, bist du startklar!

Vielleicht hältst du die Aufgaben für viel zu einfach. Aber die Schwierigkeit in diesem Test liegt darin, daß du zum Bearbeiten der Aufgaben nur begrenzte Zeit zur Verfügung hast, in der du versuchen mußt, so viele Aufgaben wie möglich zu lösen. Insgesamt hast du sieben Minuten Zeit! Suche dir deshalb einen genauen Wecker oder eine Person, die dir die Zeit stoppt. Wenn du selbst auf die Zeit achten willst, wird das zu viel auf einmal.

So, seid ihr bereit? Aufgabe klar? Stift in der Hand? Dann kann es losgehen: Blättere die Seite um und beginne, die Kästchen zu bearbeiten!

Hausaufgaben

1. Test

6 – 5 + 5 3 + 4 + 4 ________	3 + 7 – 4 3 – 2 + 6 ________
5 + 9 + 2 6 + 7 – 8 ________	6 + 7 – 5 3 + 3 + 6 ________
5 – 3 + 9 6 – 2 + 3 ________	2 – 1 + 7 4 + 2 + 1 ________
4 + 4 – 5 5 – 4 + 8 ________	7 + 4 – 5 5 – 3 + 8 ________
4 + 1 – 2 4 + 9 – 1 ________	4 – 2 + 6 4 + 4 + 8 ________
5 + 4 + 3 9 – 4 + 6 ________	3 + 9 – 5 4 + 7 – 2 ________
4 + 2 – 3 4 + 5 – 1 ________	1 + 5 + 2 6 + 2 – 4 ________
4 + 5 + 8 3 + 6 – 3 ________	7 + 7 – 4 6 – 2 + 5 ________
4 + 6 – 3 2 + 6 – 3 ________	8 – 2 + 5 3 + 9 – 5 ________
4 + 2 + 8 8 – 5 – 1 ________	5 – 3 + 4 4 – 3 + 6 ________
5 + 9 – 2 5 + 6 – 2 ________	5 – 3 + 8 9 – 3 + 5 ________
7 – 2 + 8 4 + 9 – 6 ________	5 + 6 – 2 5 – 2 – 1 ________
9 + 8 – 2 8 + 3 – 4 ________	4 + 6 – 3 7 – 6 + 3 ________

Hausaufgaben

4 + 8 − 2 5 − 4 + 1 ______	7 + 3 − 1 7 − 3 + 4 ______
1 + 4 + 7 6 − 5 + 8 ______	3 − 1 + 2 3 + 2 + 4 ______
3 + 3 + 6 2 + 2 + 9 ______	5 − 2 + 9 4 + 7 − 2 ______
3 − 1 + 7 9 − 6 − 1 ______	9 + 2 − 5 7 − 4 + 6 ______
6 + 8 − 9 9 − 5 + 3 ______	6 − 3 + 8 4 − 3 + 5 ______
2 + 6 − 5 7 + 4 − 3 ______	3 + 5 − 2 4 − 2 + 7 ______
6 + 9 − 3 8 + 3 − 5 ______	8 − 2 + 6 5 + 9 − 6 ______
4 + 3 − 6 4 + 5 − 2 ______	4 + 7 + 1 4 + 5 − 3 ______
7 − 3 + 5 5 + 3 − 1 ______	9 − 4 − 1 8 + 2 − 1 ______
4 − 2 + 7 1 + 9 − 4 ______	9 + 3 − 6 4 + 8 − 9 ______
2 + 4 + 8 5 + 6 − 8 ______	3 + 6 − 2 6 + 8 − 9 ______
4 + 2 − 5 4 + 3 + 8 ______	7 − 6 + 8 5 − 2 + 3 ______

Lösungen auf S. 106

Anzahl der richtig gelösten Aufgaben:

______

Hausaufgaben

Zeit vorbei? Jetzt bist du sicher Fix & Foxi! Und wie war es? Alles geschenkt? Null Problemo? Kindergartenkram? Sicher hast du gemerkt, daß solch einfache Aufgaben auf Dauer ganz schön anstrengend sein können. Du wirst dich vielleicht fragen, warum du das hier gemacht hast. Wir brauchen das Ergebnis für ein weiteres Experiment. Weil ich aber meine, daß ich dich für heute wirklich genug gefordert habe, will ich mir das für das nächste Mal aufheben. Für den Augenblick hast du genug geschafft. Klebe noch schnell einen Aufkleber in das A-Feld und klappe das Buch zu! Bis zum nächsten Mal, tschüs!

2.4 Jetzt mach aber mal 'ne Pause!

Letztes Mal hast du am Schluß noch einige Mathe-Aufgaben gelöst. Ich hatte dir versprochen, daß ich dir erkläre, warum du sie lösen solltest. Darauf will ich heute eingehen. Aber zuerst möchte ich dir eine kleine Geschichte erzählen, die ich vor kurzem erlebt habe. Auch wenn man es ihr nicht direkt ansieht, so hat sie doch eine ganze Menge mit dem Mathetest-Experiment zu tun!

Es fing damit an, daß ich mir ein neues Schloß im Fahrradgeschäft kaufen wollte. Weil ich mich mit den neuen Dingern nicht so toll auskenne (da gibt es zum Teil die verrücktesten Sachen mit allem Drum und Dran), habe ich einen Verkäufer gefragt, welches Fahrradschloß für mich geeignet wäre. »Ja« begann dieser, »das ist gar nicht so einfach. Also da hätten wir zunächst einmal…« Es folgte dann ein etwa zehnminütiger Vortrag, in dem er mich mit den Feinheiten der »Fahrradschloß-Wissenschaft« vertraut machte. Welche Modelle es gibt, wie sicher sie sind, wie schwer sie sind, welche Preisunterschiede sie haben, wie man sie transportieren kann und was man noch so alles ganz dringend beachten muß. Er ließ aber auch wirklich nichts aus. Am Anfang fand ich das Ganze ja noch recht interessant, aber irgendwann dachte ich nur noch: Jetzt mach aber mal 'ne Pause! Ich will die Dinger ja schließlich nicht studie-

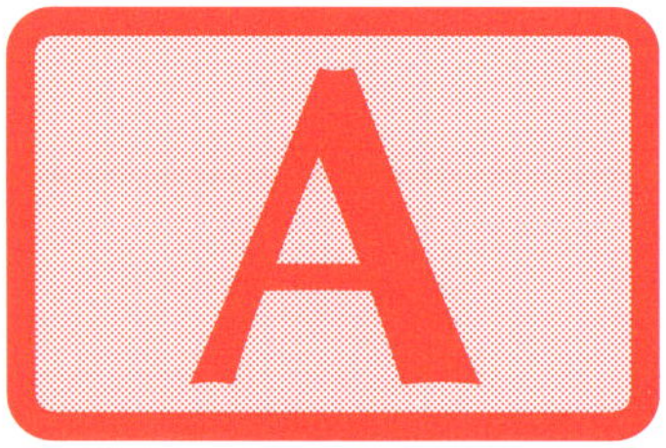

ren, sondern kaufen! Ich habe dann gemerkt, daß ich einfach nicht mehr zuhören wollte und konnte. Es war mir schlicht zuviel.

Sicher hast du so etwas auch schon erlebt. Vielleicht sogar beim Lernen in der Schule oder bei den Hausaufgaben. Wenn einem der Lehrer so richtig ein »Ohr abkaut«, kann man als Schüler leider nicht viel dagegen unternehmen. Im Notfall bleibt einem nichts anderes mehr übrig, als auf Durchzug zu schalten.

Bei den Hausaufgaben sieht die Sache allerdings wesentlich besser für dich aus. Hier liegt es einzig und allein an dir, ob du dir soviel reinhämmerst, daß du früher oder später von selbst auf Durchzug stellst. Wenn du immer lernst und lernst und lernst, wirst du ganz automatisch zu dem Punkt kommen, an dem du nichts mehr aufnehmen kannst. Hast du schon einmal diesen Punkt erreicht? Da liest man einen Abschnitt, und wenn man ihn gerade gelesen hat, kann man nicht einmal mehr sagen, was man da gerade gelesen hat. Der Körper hat sich seine Pause einfach selbst genommen. Ein schlechtes Gewissen, weil man mal wieder nicht aufgepaßt hat, ist in solchen Fällen vollkommen fehl am Platz!

Mit dem Gefühl, etwas unbedingt tun zu müssen, arbeitet man schlichtweg umsonst, ohne Aussicht auf Erfolg. So gut dieser Einsatz gemeint ist, so wichtig ist es, daß du lernst, wann du aufhören mußt. Irgendwann ist halt Schluß. Auch das Nichtstun ist ein Teil des Lernens! Wenn du dieses Nichtstun in Form von Pausen geschickt einsetzt, kannst du oft sogar mehr und erfolgreicher arbeiten und lernen. Wie bitte – du glaubst mir nicht? Du meinst, das ist alles Laber-Quatsch, der sich nur gut anhört? Ich gebe zu, daß es sich ziemlich unglaubwürdig anhört, aber probiere es doch einmal aus. Ich möchte dir jetzt dazu den zweiten Teil unseres Experiments vorstellen:

Auf den nächsten Seiten findest du wieder eine Reihe von Mathematikaufgaben. Von der Bearbeitung her ist der Test genauso ge-

dacht wie beim ersten Mal. Der Unterschied liegt lediglich darin, daß du dieses Mal weniger Zeit zur Verfügung hast. Ich werde dir nämlich zweimal 30 Sekunden als Pausen abziehen. Gemein, nicht? Nach zwei Minuten sollst du das Kästchen, das du gerade bearbeitest, noch zu Ende rechnen und dann den Stift für etwa 30 Sekunden aus der Hand legen. Anschließend geht es weiter bis zur nächsten Pause in zwei Minuten. Der Arbeitsgang sieht also folgendermaßen aus:

Etwa zwei Minuten rechnen,
30 Sekunden Pause,
etwa zwei Minuten rechnen,
30 Sekunden Pause,
etwa zwei Minuten rechnen.

Während der Pausen ist es wichtig, daß du auch wirklich Pause machst. Lege also in dieser Zeit den Stift aus der Hand, schaue vielleicht aus dem Fenster und versuche dich zu entspannen. Nicht schummeln! Auf das Blatt schielen, um schon die nächsten Aufgaben im Kopf zu rechnen, ist verboten! Mache eine richtige Pause! Tue, was du tust!

Suche dir jetzt wieder eine Person, die dir die Zeit stoppen kann!

So, alles klar? Seid ihr startbereit? Dann kannst du jetzt umblättern und mit dem Bearbeiten beginnen.

Hausaufgaben

2. Test: Mit Pausen

3 + 3 + 5 4 + 6 – 2 ______	4 + 6 – 3 4 + 3 – 2 ______
7 + 2 – 4 4 + 4 + 1 ______	3 + 6 – 5 4 + 6 – 3 ______
8 + 4 – 5 9 + 3 – 2 ______	4 – 1 + 7 3 + 6 – 2 ______
7 + 4 – 5 5 + 5 – 7 ______	4 + 6 – 3 5 + 3 – 5 ______
3 + 6 + 1 1 + 7 – 4 ______	5 + 7 – 6 4 – 2 + 7 ______
6 – 5 + 7 4 + 7 – 5 ______	6 – 2 + 8 3 – 1 + 5 ______
4 + 7 – 8 5 – 3 + 2 ______	1 + 8 – 4 8 – 6 + 4 ______
2 + 9 – 5 4 + 1 + 6 ______	3 + 8 – 4 5 – 3 + 7 ______
5 + 6 – 3 5 + 2 + 8 ______	3 + 6 – 4 7 – 2 + 3 ______
4 – 3 + 7 1 + 8 – 5 ______	4 + 3 – 2 2 + 6 – 4 ______
5 – 3 + 6 3 + 5 – 1 ______	3 + 6 – 5 4 – 1 + 6 ______
3 + 5 – 1 4 + 8 – 3 ______	5 + 4 + 3 2 + 8 – 4 ______

Hausaufgaben

3 – 2 + 6 3 + 3 + 5 ______	2 – 1 + 9 7 + 3 – 5 ______
5 – 3 – 1 4 + 6 – 7 ______	5 + 2 + 5 6 – 3 + 5 ______
4 + 6 – 3 9 + 1 – 6 ______	9 + 3 – 5 6 + 2 – 7 ______
4 + 6 + 4 4 + 2 – 1 ______	4 + 3 + 2 3 – 1 + 8 ______
4 + 7 – 6 4 + 3 + 2 ______	2 + 9 – 4 5 + 3 – 4 ______
4 + 3 – 5 4 – 1 + 2 ______	7 + 2 – 5 5 + 3 – 7 ______
6 + 3 – 5 3 + 4 + 1 ______	5 + 5 – 4 4 + 2 + 1 ______
4 + 6 – 3 7 – 4 + 3 ______	4 + 3 + 1 4 – 2 + 9 ______
5 + 1 – 3 4 – 3 + 7 ______	1 + 7 – 3 3 + 2 – 1 ______
8 + 3 – 5 6 + 3 – 2 ______	4 + 8 – 6 3 + 1 + 7 ______
7 – 5 + 8 5 – 2 + 4 ______	8 – 7 + 4 5 – 1 + 7 ______
7 + 3 – 5 7 – 6 + 3 ______	7 – 6 + 4 5 + 2 + 1 ______
3 + 3 + 1 7 + 3 – 8 ______	8 – 3 + 6 9 – 5 – 1 ______

Lösungen auf S. 106

Anzahl der richtig gelösten Aufgaben:

____

Hausaufgaben

So, bist du (im doppelten Sinne) fertig? Jetzt bin ich aber mal gespannt, wie das Experiment dieses Mal gelaufen ist. Könnte es sein, daß du bei dem zweiten Test trotz der kürzeren Zeit mehr Aufgaben bearbeiten konntest? Selbst wenn du gleichviele Rechnungen richtig gelöst hast, so hast du diese in kürzerer Arbeitszeit erledigt, was ja auch schon ein Erfolg wäre!

Auch wenn es komisch klingt: Pausen richtig einzusetzen, ist eine Kunst! Eine Kunst, die mir das Lernen um einiges vereinfachen kann, selbst wenn es zu Beginn nicht so aussieht.

Manchmal, wenn man besonders viel zu arbeiten hat, ist es gar nicht so einfach, für einen Moment abzuschalten. Man will einfach keine Zeit verschenken und vergißt dabei, daß man keine Maschine ist. Aber an dem Test hast du gerade selbst gesehen, daß du mit Pausen gar keine Zeit verschenkst. Im Gegenteil, durch dieses Nichtstun hast du viel getan! Du hast nämlich deinen Kopf entspannt, so daß er danach wieder voll arbeiten kann. Und das ist eine ganze Menge. Weil man mit Pausen so viel Zeit sparen kann, will ich das ganze noch als Merkformel schreiben:

Arbeitszeit = Lernzeit + Pausen

Achte also in Zukunft bei deinen Hausaufgaben auf genügend Pausen. Schieben wir die Pausen erst dann ein, wenn wir so richtig »pausenreif« sind, haben wir in aller Regel die letzte Zeit vor der Pause nicht mehr richtig gelernt. Bevor ich aber mit halber Kraft arbeite, unterbreche ich lieber für ein paar Minuten die Arbeit. Je nach Schwierigkeitsgrad der Hausaufgaben solltest du nach zehn Minuten eine kleine, spätestens nach einer halben Stunde deine wohlverdiente Fünf-Minuten-Pause einlegen. Nach einer Stunde ist dann eine längere Unterbrechung notwendig.

Hausaufgaben

Das kostet am Anfang einige Überwindung. Aber wenn du gelernt hast, daß du mit Pausen viel mehr leisten kannst, werden sie schnell ein fester Bestandteil deines Lernens. Der amerikanische Schriftsteller John Steinbeck hat das einmal in einem Merksatz verfaßt:

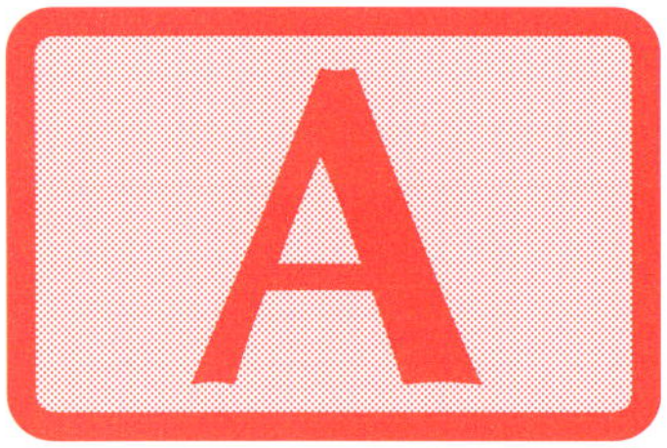

Die Kunst des Ausruhens ist ein Teil des Arbeitens.

Und damit wir diese Erkenntnis auch wirklich umsetzen, ist jetzt erst einmal eine satte Pause fällig. Also, nicht mehr weiterlesen, sondern Buch zu! Wenn du willst, sehen wir uns demnächst wieder. Bis dahin, tschüs!

2.5 Fester Arbeitsplatz ist spießig?

Halli hallo, und weiter geht's! Schön, daß du wieder etwas über Lernmethodik lesen willst! Heute würde mich einmal interessieren, wo du deine Hausaufgaben erledigst? Hast du dafür einen festen Ort, oder lebst du eher nach der alten chinesischen Weisheit: Heute hiel, molgen dolt (Übersetzung unseres erfahrenen Dolmetschers: Heute hier, morgen dort)?

Vielleicht frage ich mal anders herum: Könntest du dir vorstellen, eine Latein-Übersetzung in einer Sporthalle zu machen? Oder wie wäre es mit einer anspruchsvollen Matheaufgabe bei euch im Hallenbad? Vielleicht probierst du es ja wirklich einmal aus: Schnapp' dir deine Hausaufgaben und gehe damit zu den idiotischsten Orten, die dir einfallen!

Wahrscheinlich wirst du schnell erkennen, daß das gar nicht so einfach ist. Der Versuch ist es aber trotzdem wert. Es ist eine gute Erfahrung, einmal selbst zu sehen, welche Wirkung die Umgebung auf dein Lernen hat. Es gibt Orte, an denen das Lernen besonders schwierig ist. Warum aber fällt das Rechnen im Schwimmbad so schwer?

Ein wichtiger Grund dafür ist, daß wir beim Lernen die Umgebung immer mit einbeziehen. Gelegentlich müssen wir an bestimmten Orten an besondere Erlebnisse denken, die mit diesen Orten in Verbindung stehen. Im Schwimmbad könnte das ein Tag sein, an dem du mit deinen Freunden dort gespielt hast. Diese Erinnerungen können dir das Umschalten auf das Lernen erschweren. Es wird fast unmöglich sein, sich auf seine Arbeit zu konzentrieren. Denn deine Gedanken werden immer um diese Erlebnisse kreisen.

Wir müssen daher eine Lernumgebung finden, in der sich unsere Gedanken möglichst automatisch auf das Lernen einstellen. Dadurch können wir uns eine ganze Menge Zeit und Arbeit ersparen.

Schon im Kapitel 2.2 (siehe Seite 14) haben wir gesehen, daß die Gewohnheit bei den Menschen eine sehr große Rolle spielt. Wir sollten uns also einen festen Arbeitsplatz suchen, so daß sich der Kopf von Anfang an direkt auf Lernen einstellt. Wenn ich immer am gleichen Arbeitsplatz lerne, schaltet mein Kopf wie von allein auf Lernen um. Wieder ein Trick zur »Selbstüberlistung«.

So, und damit hätten wir es für heute wieder einmal geschafft. Nächstes Mal habe ich mir für dich ein kleines Chaos-Experiment ausgedacht. Alles Weitere erfährst du dann.

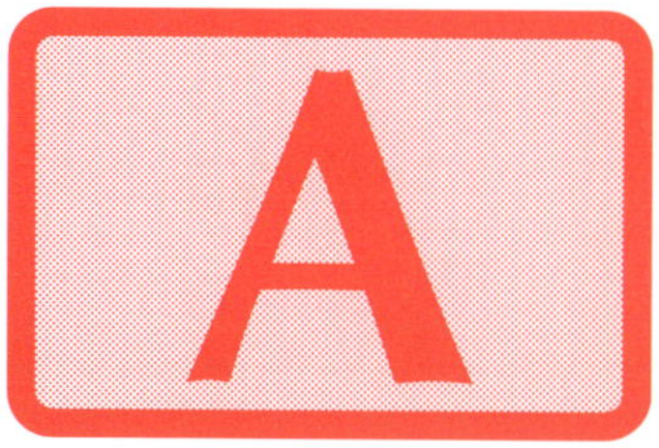

Wenn du willst, kannst du dir noch einen Aufkleber aussuchen und ihn in das A-Feld kleben. Wir sehen uns dann demnächst in alter Frische. Und jetzt endgültig: Buch zu! Und tschüs.

2.6 Wer ist hier der Chaos-Experte?

Heute kommen wir zu dem versprochenen Chaos-Experiment. Dazu benötigen wir noch ein paar Gegenstände. Versuche doch bitte einmal, möglichst viele der folgenden Sachen zu besorgen:

Hausaufgaben

- einen ordentlichen Satz deiner Lieblingscomics
- ein paar deiner Lieblings-Süßigkeiten
- allerlei Bastelkram
- ein paar deiner Sportsachen
- deine Lieblings-CD oder -Kassette
- ein Video-Spiel (falls vorhanden)
- Sachen von deinen Hobbys

Hast du einiges zusammenbekommen? Gut, dann kann es jetzt losgehen.

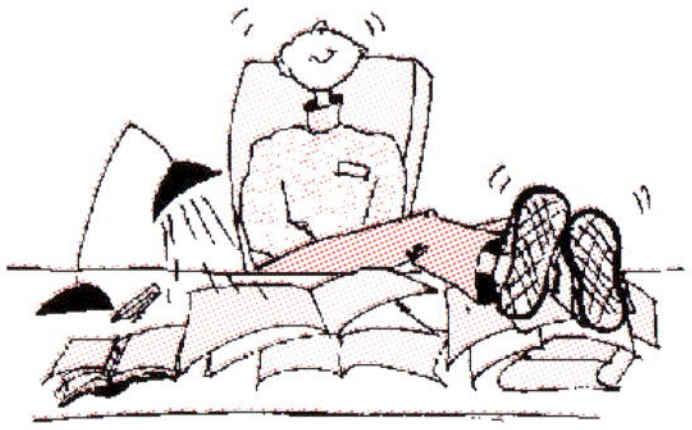

Übung

Bevor du dich das nächste Mal an deine Hausaufgaben setzt, verteile doch die Sachen auf deinem Schreibtisch. Du hast richtig gelesen! Immer mitten drauf damit. Wir wollen ja schließlich nicht spießig sein! Vielleicht fallen dir ja selbst noch ein paar Dinge ein, mit denen du deinen Chaos-Tisch abrunden könntest. Alte Bananenschale gefällig? Dann wird die natürlich auch noch aufgenommen. Heute sind wir großzügig. Der Schreibtisch muß genau so aussehen, daß deine Eltern einen wahren Herzkasperl bekommen, wenn sie ihn sehen würden. Eine neue Dimension der Unordnung soll geschaffen werden!

So, zufrieden? Jetzt machen wir Hausaufgaben. So wie immer. Versuche einfach, dich durch die einzelnen Dinge nicht ablenken zu lassen. Wenn du fertig bist, kannst du hier gleich weiterlesen. Ich wünsche dir viel Erfolg!

So, fertig? Hat alles geklappt? Dann würde mich interessieren, wie du so zurecht gekommen bist. Könnte es vielleicht sein, daß dich der eine oder andere Gegenstand aus dem Konzept gebracht hat?

Hausaufgaben

Hat es dir Schwierigkeiten bereitet, dich bei all dem Chaos zu konzentrieren? Wenn es dir gelungen ist, eine richtige Katastrophenunordnung auf deinem Tisch zu erzeugen, die alles schlägt, was du sonst so gewohnt bist, wirst du gemerkt haben, daß das Lernen in diesem Chaos ziemlich schwer sein kann.

Wenn dich die Sachen so durcheinander gebracht haben, kannst du dir nun andererseits überlegen, wie eine Lernumgebung aussehen müßte, in der du möglichst einfach und schnell lernst. Was sollte auf einem Schreibtisch alles vorhanden sein, damit wir auf der einen Seite nicht abgelenkt werden, wir aber auf der anderen Seite nicht alle zwei Minuten wegen irgendwelcher fehlenden Sachen weggehen müssen.

Tip

So viel wie nötig, so wenig wie möglich.

So heißt hier mein Tip! Zunächst benötigst du einmal brauchbares Schreibzeug: Einen Füller, der geht (sonst bringt er halt nicht viel), einen Tintenkiller, einen (nicht abgebrochenen) Bleistift mit dem dazugehörigen Radiergummi, ein paar Farbstifte, ein Lineal und vielleicht einen Zirkel. Daneben kannst du noch ein paar wichtige Bücher in der Nähe bereithalten. Dazu würde ich zum Beispiel einen Duden, ein Fremdwörterlexikon, eine Formelsammlung und Wörterbücher zählen. Wenn du dann das Ganze noch, je nach Altersstufe, mit einem Taschenrechner abrundest, bist du bestens für die Hausaufgaben ausgerüstet. Oft suchen wir fast nach solchen Gelegenheiten, die Arbeit zu unterbrechen. Dieser Versuchung müssen wir einen Riegel vorschieben. Sonst sitzen wir ewig an den Hausaufgaben.

Bei allen weiteren Sachen solltest du ganz streng darauf achten, ob sie dich nicht vom Lernen ablenken könnten. Wenn du auf deinem

Hausaufgaben

Schreibtisch ein Modellflugzeug stehen hast, das du nach den Hausaufgaben noch fertigstellen willst, so wäre es fast ein Wunder, wenn es dich nicht ablenken würde. Oder wie steht es mit einem Comic? Könntest du die Hausaufgaben erledigen, ohne der Versuchung nachzugeben, ab und zu in dem Comic zu blättern? Das wäre sicher viel von dir verlangt.

So hart es klingt: Alle diese Sachen beanspruchen einen Teil deiner Aufmerksamkeit, die du dann einfach nicht mehr für deine Hausaufgaben zur Verfügung hast! Das hört sich jetzt in deinen Ohren vielleicht ungemein spießig an, aber glaube mir, ein freier Schreibtisch ohne Comics, ohne Videospiel, ohne Bastelzeug und anderen Kram, der dich ablenkt, erleichtert dir das Lernen erheblich.

Aber ich fürchte, du glaubst mir nicht. Daher kann ich dir nur raten: Probier' es aus! Erst wenn man sieht, welche Erleichterung eine gute Lernumgebung bringen kann, weiß man sie zu schätzen. Wenn du dann deinen Lernplatz noch mit ein paar Pflanzen oder Postern abrundest, erhältst du einen wirklich optimalen Arbeitsplatz, an dem du dich auch wohlfühlen kannst. Vielleicht macht dir das Lernen dort sogar Spaß. Ein ganz kleines bißchen jedenfalls.

Ein Arbeitsplatz ist ein Platz zum Arbeiten.

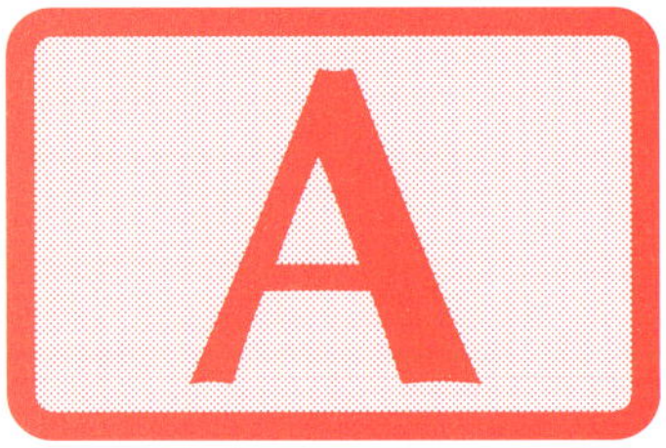

Für heute hast du wieder einmal genug gelesen. Dann kannst du noch einen Aufkleber in das A-Feld kleben. Wenn du willst, sehen wir uns demnächst wieder. Dann lautet unser Thema: Musik, der super Sound? Bis dahin, tschö mit »ö«!

2.7 Mit Musik geht alles besser, oder?

Eigentlich wollte ich ja letztes Mal das Thema »Arbeitsplatz« abschließen. Aber da ist mir noch ein ganz wichtiges Gebiet eingefallen. Wie sieht es bei dir mit dem Musikhören beim Lernen aus? Sagt

nicht alle Welt: »Mit Musik geht alles besser«, oder? Wenn wir im Auto sitzen oder auf irgend etwas warten, ist es ja auch schön, wenn wir währenddessen unsere Lieblingssongs hören können. Vielleicht hast du auch schon einmal erlebt, daß du dich bei manchen Tätigkeiten mit Musik sogar besser konzentrieren kannst. Dann müßte doch eigentlich nichts gegen das Lernen mit Musik einzuwenden sein, nicht wahr?

Weil man die Frage gar nicht so einfach beantworten kann, will ich dich nochmals zu einem kleinen Experiment einladen. Kannst du dich noch daran erinnern, wie der Mathe-Test aus dem Abschnitt »Das Hauptgericht« ging? Sonst blättere doch gerade ein paar Seiten zurück und schaue ihn dir noch einmal genau an!

So, alles klar? Ich will ihn jetzt noch ein letztes Mal mit dir durchführen (noch nicht anfangen!). Damit es dir während des Tests nicht zu langweilig wird, sollst du die Aufgaben dieses Mal mit einer satten Musik lösen. Klasse, nicht? Also besorge dir neben dem schon eingespielten Zeitstopper eine ordentliche Musikanlage. Diese kannst du mitten auf deinem Schreibtisch plazieren. So, und nun dreh' die Kiste mal ordentlich auf! Jawohl, du hast schon richtig gelesen. Hoch mit dem Lautstärkeregler! Es muß richtig dröhnen. Wir wollen ja nicht als Spießer dastehen.

Alles klar? Stift in der Hand? Zeitstopper bereit? Mini-Disco läuft? Dann kannst du loslegen! Versuche, in den nächsten sieben Minuten die Aufgaben zu lösen! Lasse dich dabei nicht von der Musik stören! Ich möchte, daß du trotz der Musik wirklich dein Bestes gibst, o.k.? Dann kannst du jetzt umblättern und mit dem Rechnen beginnen.

Hausaufgaben

3. Test: Mit Musik

5 – 2 – 1 3 + 6 + 1 ______	4 – 4 + 3 8 + 1 – 3 ______
7 + 3 – 5 4 + 6 + 1 ______	3 + 6 – 5 4 + 5 – 4 ______
1 + 5 + 6 2 + 9 – 6 ______	4 + 6 – 5 4 + 4 + 4 ______
6 + 3 – 8 7 – 4 + 1 ______	2 + 3 + 8 4 – 1 + 8 ______
5 – 3 + 2 4 + 8 – 6 ______	8 – 4 + 4 6 + 7 + 8 ______
2 – 1 + 9 6 – 2 + 7 ______	3 + 3 + 8 6 + 7 – 8 ______
7 – 6 + 5 6 + 3 + 4 ______	3 + 3 + 7 2 + 6 – 5 ______
4 + 7 – 5 3 – 2 + 7 ______	8 – 3 + 5 7 – 3 + 2 ______
1 + 8 – 5 4 + 3 – 1 ______	5 + 6 – 3 4 + 6 – 5 ______
6 + 7 – 3 4 + 7 – 9 ______	6 – 3 + 1 5 + 4 + 3 ______
3 – 1 + 7 6 – 5 + 4 ______	2 + 2 + 6 4 + 6 – 7 ______
4 – 2 + 6 1 + 7 – 5 ______	7 – 2 + 7 3 – 2 + 8 ______
2 – 1 + 5 9 + 1 – 3 ______	5 – 4 + 7 5 – 3 + 5 ______

Hausaufgaben

7 – 5 + 1 8 + 3 – 5 ______	4 – 3 + 7 9 – 8 + 4 ______
3 + 6 – 5 9 + 4 – 2 ______	8 – 3 + 1 7 – 4 + 1 ______
1 + 6 – 1 5 + 5 – 9 ______	9 – 4 + 3 8 – 4 + 5 ______
5 – 1 + 7 6 + 6 – 2 ______	3 + 6 – 5 2 + 2 + 9 ______
4 – 1 + 9 3 + 3 + 1 ______	8 + 7 – 2 9 – 1 + 2 ______
8 – 4 + 2 8 – 5 + 1 ______	5 – 1 + 3 1 + 4 + 8 ______
3 + 8 – 1 7 – 2 + 6 ______	7 – 5 + 3 5 + 5 + 1 ______
4 – 3 + 7 6 – 3 + 7 ______	1 + 4 + 3 8 – 5 + 2 ______
4 + 3 – 2 6 – 1 + 9 ______	3 – 2 + 6 9 + 5 – 6 ______
9 – 8 + 7 7 – 4 + 3 ______	4 + 3 – 5 5 + 4 + 4 ______
3 + 1 + 6 7 – 5 + 9 ______	5 + 2 – 4 5 – 2 + 4 ______
1 + 1 + 9 8 – 6 – 1 ______	9 – 5 – 1 4 + 6 – 3 ______

Lösungen auf S. 106

Hausaufgaben

So, alter Discjockey, und jetzt vergleiche doch einmal das Ergebnis mit den ersten beiden Tests! Kann es sein, daß es dieses Mal nicht ganz so toll geklappt hat? Wenn du mit Musik arbeitest, kannst du dich über deine Leistung sehr leicht täuschen. Oft hat man beim Arbeiten selbst ein recht gutes Gefühl. Es geht alles leicht von der Hand, man ist der Meinung, gut voranzukommen. Erst wenn man die Ergebnisse vergleicht, sieht man, wie einen die Musik ablenken kann. Nicht, daß ich grundsätzlich gegen Musik beim Arbeiten bin. Nein, es gibt auch Hausaufgaben, bei der dich die Musik sicher nicht stört. Ich will dir dazu ein kleines Beispiel geben:

Hast du einmal deine Eltern beobachtet, wenn sie beim Autofahren Musik hören? Wenn alles normal ist, werden sie sich sicher nicht an der Musik stören. Nein, im Gegenteil, die Musik kann in dieser Zeit sogar entspannend sein. Was passiert aber, wenn sie an eine unbekannte Kreuzung – vielleicht im Ausland – kommen? Wie reagieren sie, wenn sie plötzlich in Streß geraten? – Richtig, in dem Moment, in dem sie sich mit allen Gedanken auf das Autofahren konzentrieren müssen, wird die Musik störend, da sie einen Teil der Aufmerksamkeit beansprucht. Sobald sie ihre ganze Aufmerksamkeit benötigen, wird das Radio, das eben noch angenehm war, als Störquelle abgeschaltet.

Solange du also nicht deine ganze Aufmerksamkeit benötigst, ist gegen die Musik nichts einzuwenden. Wenn du zum Beispiel in Erdkunde ein Karte ausmalst oder in Deutsch ein Buch liest, kann es durchaus entspannend sein, wenn dazu im Hintergrund Musik läuft. Sobald du aber eine Arbeit verrichtest, die deine volle Konzentration erfordert, ist Musik eher hinderlich. Du läufst Gefahr, von vornherein einen Teil deiner Aufmerksamkeit zu verlieren.

Sicher muß man auch unterscheiden, welche Musik man gerade hört. So kann klassische Musik auf den einen sehr wohltuend wirken, während der andere dabei im Dreieck springt und statt dessen auf harten Rock schwört. Eine Tatsache, die unsere Eltern sehr oft nur schwer nachvollziehen können. Eine generelle Empfehlung,

welche Musik beim Lernen günstig ist, kann man deshalb nicht geben. Allgemein gilt: Je vertrauter mir die Musik ist, desto weniger kann sie mich ablenken. Aus diesem Grund ist Radiomusik in der Regel wesentlich störender als die Musik der eigenen CD's oder Kassetten.

Wenn ich meine ganze Aufmerksamkeit benötige, schalte ich die Musik ab. So bin ich schneller am Ziel.

Jetzt will ich dir aber den Spaß an der Musik nicht ganz verderben. Du mußt selbst herausbekommen, ob und mit welcher Musik du am besten lernen kannst. Du bist es ja schließlich, der am Schreibtisch sitzt und lernt.

Für heute soll es genug sein. Wenn du willst, kannst du dir noch ein paar Gedanken machen, welche der Lerntips zum Thema Arbeitsplatz du umsetzen willst. Das Gebiet Hausaufgaben will ich damit abschließen. Im nächsten Kapitel werden wir uns mit dem Gedächtnis befassen. Wenn du magst. Klebe noch schnell einen Aufkleber in das A-Feld. Wir sehen uns dann demnächst wieder, bis dahin tschüs!

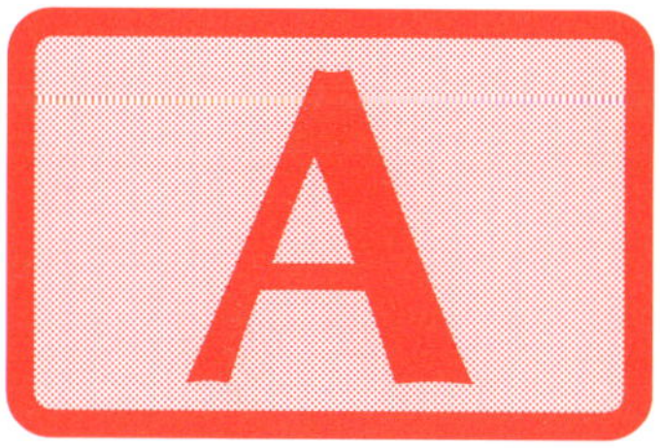

3. Das Gedächtnis

3.1 Wie funktioniert das Gedächtnis?

Kannst du dich noch an deine letzte Geburtstagsfeier erinnern? Weißt du, welche Gäste da waren? Kannst du dich noch an das erinnern, was ihr an diesem Tag unternommen habt? Gab es einen Geburtstagskuchen? Wie sah er aus? Über welches Geschenk hast du dich am meisten gefreut?

Waren bei diesen Fragen ein paar dabei, die du auf Anhieb beantworten konntest? Manchmal erinnern wir uns an Dinge, obwohl diese schon sehr lange zurückliegen. Dabei hatte man sich gar nicht vorgenommen, sich diese Sachen zu merken. Wäre es nicht schön, wenn es mit dem Schulstoff genauso ginge?

Um zu verstehen, wie das mit dem Merken im Gedächtnis funktioniert, möchte ich dich wieder zu einem Experiment einladen:

Übung

Versuche doch bitte einmal, dir die folgenden Wörter in 30 Sekunden zu merken:

Sofa – Blume – Dach – Ohr – Schwein

Sind die 30 Sekunden um? Dann lege doch bitte einen Stift oder ein Lineal an diese Stelle des Buches und schlage danach Seite 103 auf und lese die 1. Phase.

Wie ist es gelaufen? Konntest du dir vier Wörter merken? Oder gar fünf? Ich gratuliere dir! Dann kannst du ja direkt zum nächsten Test übergehen:

Übung

Du erhältst jetzt wieder Wörter, die du dir merken sollst. Dieses Mal sind es aber ein paar mehr. Es sind jetzt 20 Wörter, also viermal so viele. Aber dafür erhältst du auch viermal so viel Zeit, also zwei Minuten. Also alles ganz locker und vollkommen fair. Bist du fertig? Hier sind die Wörter:

Pferd	Tafel	Puppe	Telefon
Gürtel	Vase	Milch	Schlitten
Schere	Kuchen	Hut	Teppich
Stern	Geige	Uhr	Decke
Hose	Hund	Knopf	Butter

Wenn die Zeit vorbei ist, lege doch bitte wieder einen Stift oder ein Lineal an diese Stelle des Buches und schlage danach Seite 104 auf und lese die 2. Phase.

Wie lief es diesmal? Hast du wieder alle Wörter herausbekommen? Ich fürchte fast, daß das zumindest beim ersten Anlauf kaum möglich war. Denn ganz so fair, wie anfangs gesagt, war der Test nun auch wieder nicht. Aber ich denke, das hast du inzwischen selbst herausbekommen. Es ist nicht so ohne weiteres möglich, sich 20 Begriffe in so kurzer Zeit zu merken. Besonders, wenn man noch durch irgendwelche Mathematikaufgaben abgelenkt wird. Man vergißt die Wörter einfach zu schnell wieder.

Aber Moment mal! Hattest du die Wörter wirklich vergessen? War es nicht so, daß du im zweiten Anlauf nach der Anweisung auf Seite 105 das eine oder andere Wort ergänzen konntest? Das heißt,

daß sie doch irgendwo in deinem Kopf gewesen sein müssen. Denn du hast sie ja in dem Kasten von den falschen Wörtern unterscheiden können. Sehr oft ist das, was wir unter Vergessen verstehen, nichts anderes, als daß wir es nicht mehr wiederfinden. Man sagt ja auch: »Es liegt mir auf der Zunge«. Man hat das Wissen zwar im Kopf, aber man kommt einfach nicht daran. Erfährt man dann die Lösung, kriegt man nur noch ein langgezogenes »Ahhhh jaaaa« heraus. Besonders unangenehm – dafür aber sehr verbreitet – sind solche Momente in einer Klassenarbeit. Aber für dieses wichtige Thema habe ich extra ein Kapitel reserviert, in dem ich darauf eingehen werde.

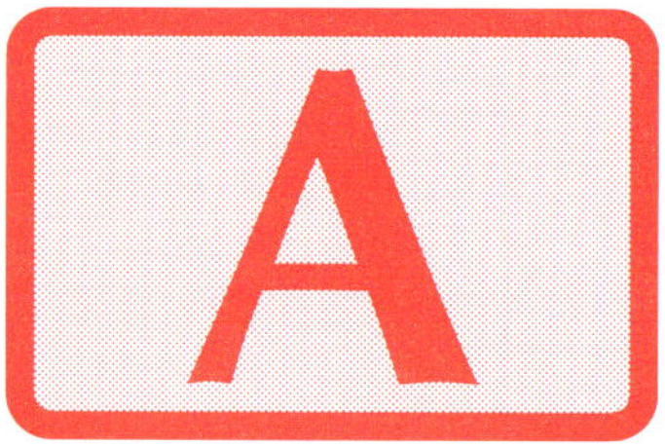

In diesem Kapitel wirst du sehen, daß es Tricks gibt, mit denen man sich 20, ja sogar viel mehr Wörter in kürzester Zeit merken kann. Aber das machen wir nicht heute. Denn für heute hast du schon genug gelesen. Also: Buch zu, morgen kann es weitergehen.

3.2 Ein paar Merk-Tricks der »Wetten daß«-»Genies«

Hast du einmal im Fernsehen – zum Beispiel in der Sendung »Wetten daß« – einen Gedächtnis-Künstler gesehen? Das sind Menschen, die sich unglaublich viele Wörter merken können. Diese Leute bezeichnet man dann oft als »Genies«. Manche von diesen »Genies« können sich ganz schnell sehr lange Zahlen oder unheimlich viele Telefonnummern merken. Wie aber machen die das, wo wir doch im letzten Abschnitt gesehen haben, daß das fast unmöglich ist? Sind die einfach schlauer und können sich deshalb mehr merken? – Falsch! Um es vorwegzunehmen: Diese »Genies« sind genauso schlau wie du und ich! Deshalb habe ich das Wort »Genie« auch in Anführungszeichen gesetzt. Diese »Genies« haben nämlich nur Tricks gelernt, mit denen sie so viel behalten können. Ein paar dieser Tricks möchte ich dir in diesem Kapitel vorstellen.

Das Gedächtnis

Eine erste Technik hast du bereits in der Einleitung dieses Buches gefunden. Man denkt sich zu den einzelnen Wörtern, die man sich merken soll, kleine merkwürdige Szenen, also »Bilder« aus, die dann zu einer ebenso merkwürdigen und damit auch merkbaren Geschichte, einer Lerngeschichte verbunden werden. Solche Lerngeschichten können, wie du oben gesehen hast, 15 oder sogar 20 Bilder mit den dazugehörigen 15 oder 20 zu merkenden Wörtern enthalten. Durch diese Lerngeschichten erhalten die Wörter einen – wenn auch oft verrückten – Sinn; sie werden sozusagen »sinnvoll« gemacht. Auf diese Weise kann man sich zum Beispiel Einkaufslisten oder Bestandslisten merken oder eben sonst längere Reihen von Wörtern.

Wenn ich meinen Lernstoff merkwürdig mache, kann ich ihn mir besser merken!

Der Trick, Wörter durch Bilder zu verbinden, ist übrigens nicht gerade neu. Bereits die alten Griechen haben ihn vor über 2000 Jahren benutzt. Die Gelehrten von damals haben oft lange Reden gehalten. Da man zu dieser Zeit das Papier noch nicht erfunden hatte, haben die Griechen alles mit einem Meißel auf Steinplatten gehauen. Leider waren diese Platten zum Herumtragen während einer Rede etwas zu schwer, so daß sie ihren Vortrag auswendig lernen mußten. Da war es für sie sehr wichtig, daß sie solche Merktechniken zur Verfügung hatten.

Heute sieht die Sache mit dem Papier – ein Glück – etwas besser für uns aus. Trotzdem müssen wir immer wieder irgend etwas auswendig lernen. Wir können ja schließlich nicht alles mit uns herumschleppen. Daher möchte ich dir nun einen weiteren Trick zei-

gen, der in die gleiche Richtung zielt. Er ist zwar etwas umfangreicher und deshalb am Anfang ein bißchen schwieriger als die Lerngeschichte, dafür ist die Wirkung dieser Technik einfach unvergleichbar beeindruckend. Zum Beispiel kannst du dir damit 100 (!) Wörter merken, und die sogar in der richtigen Reihenfolge! Mit einer bloßen Lerngeschichte, wie du sie schon kennengelernt hast, ginge das nicht. Denn wenn die Zahl der Merkbilder zu groß wird, die Lerngeschichte also zu lang, würdest du nach dem 20. oder 25. »Bild« doch den »roten Faden« verlieren und wüßtest nicht mehr, wie die merkwürdige Geschichte weitergeht. Ich will dir zeigen, wie man es trotzdem schafft; wie man genau weiß, welches »Bild« als nächstes kommt.

Lies dir das Verfahren erst in aller Ruhe durch und betrachte schon einmal flüchtig die große Liste (die Tabelle), die du auf den Seiten 44–45 findest. In ihr stehen viele Wörter und viele Zahlen. Zu jeder Zahl gehört ein Wort, das wir »Stammwort« nennen wollen. Um das Merksystem benutzen zu können, mußt du lernen (einmalige Anstrengung!), welches Stammwort zu welcher Zahl gehört.

Das hört sich vielleicht nach Riesenstreß an. Aber auch hier arbeiten wir mit einem Trick, der dir die Sache erleichtert:

Rechts unten in der Tabelle steht neben jeder Ziffer von 0 bis 9 ein Buchstabe. Diese Ziffern-Buchstaben-Verbindungen mußt du dir als erstes merken. Einige dieser Buchstaben haben aber in ihrer äußeren Form eine gewisse Ähnlichkeit mit der zugeordneten Ziffer (zum Beispiel die 3 – wenn du sie drehst – mit dem W oder die 5 mit dem S). So kannst du dir diese Verbindungen besser merken!

Und dann ist es ganz einfach. Denn in jedem der 100 Stammwörter der Tabelle sind als Merkhilfe die beiden Buchstaben enthalten, die den Ziffern entsprechen, aus denen die zugehörige Zahl besteht. Kompliziert? Ein Beispiel wird es klar machen: Neben der Zahl 32 steht ein Stammwort, das als ersten Buchstaben ein W (für die 3) und dann weiter hinten ein n (für die 2) aufweist. So kommst du

automatisch auf »W … n …«, und dann fällt dir »Wanne« bestimmt gleich wieder ein. Zur Erleichterung sind in der Tabelle die beiden Buchstaben W und n in dem der Zahl 32 zugeordneten Stammwort (Wanne) auch gleich fett gedruckt. Dasselbe findest du in allen anderen Stammwörtern; der zweite fettgedruckte Merkbuchstabe ist übrigens meist der Beginn der zweite Silbe des Stammworts, was die Sache noch wieder einfacher macht.

Weil ich mir vorstellen kann, daß sich das Ganze für einen Lerntrick doch ein wenig kompliziert anhört, möchte ich dir dazu noch ein Beispiel geben:

Angenommen, du sollst dir als 22. Wort einer längeren Wortreihe das Wort »Schlittschuh« merken. Wie gehst du vor? Du weißt, zur Zahl 22 gehört nach der Tabelle ein Stammwort, das mit N anfängt und in dem später (vielleicht zu Beginn der zweiten Silbe) nochmals ein n vorkommt. Also: »N … n …« Da fällt dir bestimmt sofort das vollständige Stammwort ein: »Nonne« (wenn du das nicht schon sowieso auf Anhieb auswendig weißt, was ich fast vermute). Und nun machst du dir blitzschnell ein Bild, das »Nonne« mit »Schlittschuh« verbindet. Dabei gilt wieder: Je merkwürdiger, desto besser! Zum Beispiel denkst du dir eine Nonne, die mit rasender Geschwindigkeit auf Schlittschuhen einen Abhang heruntergleitet.

Dieses Bild fällt dir später sicher ein, und schon kannst du zur Überraschung anderer sagen: »Das 22. Wort ist Schlittschuh!« Das nächste (23.) Wort, das du dir merken sollst, hat dann etwas mit Nord-West zu tun, das dann folgende mit Nashorn und so weiter. Wenn du einmal gelernt hast, welches Stammwort zu welcher Zahl gehört, wird dir gleich die von dir dazu erdachte Verbindungsgeschichte, das »Bild« einfallen, das dich zu dem Wort führt, das du dir merken solltest. Die Aufgabe ist damit gelöst!

Alles klar? Du wirst sehen, daß man die Stammwörter recht schnell lernen kann. Die Wirkung ist einfach verblüffend.

Das Gedächtnis

00	DD	Donald Duck	40	HD	Hand	70	FD	Feder
01	DL	Diele	41	HL	Halle	71	FL	Füller
02	DN	Düne	42	HN	Henne	72	FN	Fahne
03	DW	Diwan (Liegesofa)	43	HW	Hochwürden	73	FW	Feuerwehr
04	DH	Daheim	44	HH	Hoheit	74	FH	Friedhof
05	DS	Dose	45	HS	Hase	75	FS	Faß
06	DB	Dieb	46	HB	Habicht	76	FB	Fabrik
07	DF	Dachfenster	47	HF	Hof	77	FF	Fix & Foxi
08	DR	Draht	48	HR	Haar	78	FR	Furie
09	DG	Dogge	49	HG	Hagel	79	FG	Feige
10	LD	Laden	50	SD	Sud	80	RD	Rad
11	LL	Lilie	51	SL	Saal	81	RL	Rolle
12	LN	Leine	52	SN	Sahne	82	RN	Rennen
13	LW	Löwe	53	SW	Savanne	83	RW	Rewe
14	LH	Lufthansa	54	SH	Sahara	84	RH	Reh
15	LS	Los	55	SS	Sessel	85	RS	Riese
16	LB	Laub	56	SB	Sieb	86	RB	Rebe
17	LF	Löffel	57	SF	Safe	87	RF	Riff
18	LR	Lehrer	58	SR	Sarg	88	RR	Rennrad
19	LG	Loge	59	SG	Säge	89	RG	Ring

Das Gedächtnis

20	ND	Nadel	60	BD	Bild	90	GD	Gold
21	NL	Nil	61	BL	Ball	91	GL	Gully
22	NN	Nonne	62	BN	Bahn	92	GN	Gnom
23	NW	Nord-West	63	BW	BMW	93	GW	Gewehr
24	NH	Nashorn	64	BH	Bahnhof	94	GH	Gehäuse
25	NS	Nuß	65	BS	Bus	95	GS	Gasse
26	NB	Nebel	66	BB	Biber	96	GB	Gabel
27	NF	Neffe	67	BF	Brief	97	GF	Gefängnis
28	NR	Narren	68	BR	Bär	98	GR	Garage
29	NG	Nagel	69	BG	Bagger	99	GG	Gogo

30	WD	Wade
31	WL	Wal
32	WN	Wanne
33	WW	Wildwest
34	WH	Weihe
35	WS	Wiese
36	WB	Wabe
37	WF	Waffel
38	WR	Wurst
39	WG	Waage

0	D	5	5
1	1	6	b
2	N	7	F
3	ω	8	R
4	h	9	g

Das Gedächtnis

Als Übungsbeispiel gebe ich dir einmal 20 Wörter:

01 = Bus	02 = Kuh	03 = Esel
04 = Drache	05 = Fotoapparat	06 = Telefon
07 = Schlauch	08 = Kissen	09 = Hemd
10 = Auto	11 = Zahnpasta	12 = Schere
13 = Fernseher	14 = Disco	15 = Brot
16 = Geschenk	17 = Milch	18 = Pommes-Frites
19 = Bett	20 = Treppe	

Jetzt versuchen wir, Verbindungsbilder zwischen diesen Wörtern und den Stammwörtern aus der Tabelle zu finden (am Anfang kannst du ja immer in die Tabelle schauen). Man könnte sich zum Beispiel folgende Verbindungsbilder vorstellen:

In eurer **D**ie**l**e (01) steht ein echter *Bus*. Auf einer **D**ü**n**e (02) steht eine *Kuh*. Auf einem **D**i**w**an (03) sitzt kein anderer als ein ausgewachsener *Esel*. Bei euch **d**a**h**eim (04) steht ein *Drache*. Du machst eine **D**o**s**e auf und findest dort einen *Fotoapparat*. Ein **D**ie**b** (06) klaut euch euer *Telefon*. Aus eurem **D**ach**f**enster (07) hängt ein *Schlauch*. Du wickelst einen **D**r**a**ht (08) um ein Kissen. Du siehst eine **D**o**gg**e (09), die ein *Hemd* trägt. Weil deine Eltern keinen Parkplatz gefunden haben, fahren sie mit ihrem *Auto* mitten in den **L**a**d**en (10). Du schmierst deine ganze *Zahnpasta* in eine **L**i**l**ie (11). An einer **L**ei**n**e (12) hängst du eine *Schere*. Als du dich vor den *Fernseher* setzen willst, mußt du feststellen, daß dort bereits ein **L**ö**w**e (13) sitzt. In einem **L**uft**h**ansa-Flugzeug (14) findet eine tolle *Disco* statt. Auf dem Jahrmarkt erhältst du für dein **L**o**s** (15) leider nur ein *Brot* als Hauptgewinn. Unter einem großen Haufen **L**au**b** (16) findest du ein *Geschenk*. Dein liebster **L**ö**f**fel (17) fällt dir tief in die *Milch*, so daß du nicht mehr an ihn herangelangst. Deinen **L**eh**r**er (18) stellst du dir mit *Pommes-Frites* verkleckert vor. Und in eurem Stadt-Theater erkennst du in einer **L**o**g**e (19) ein großes *Bett*. Zu guter Letzt suchst du auf eurer *Treppe* die wertvolle **N**a**d**el (20), welche du dir von deiner Mutter ausgeliehen hast.

Das sieht jetzt vielleicht nach sehr viel Lernarbeit aus. Aber der erste Schein trügt. Denn du sollst die einzelnen Verbindungssätze, die Verbindungs-»Bilder« ja nicht pauken, sondern dir nur gut vorstellen. Das eigentliche Lernen der Sätze kannst du dabei wirklich »vergessen«. Das stellt sich nämlich ohne dein Zutun von ganz allein ein. Wichtig ist bei diesen Verbindungen, daß man sich die einzelnen Bilder ganz genau in allen Einzelheiten vorstellt. Am Anfang brauchst du dazu ein bißchen Übung. Aber nach einer Weile wirst du die Bilder immer schneller finden. Übrigens können sich Schüler solche Bilder oft viel besser vorstellen als Erwachsene. Du hast also einen gewissen Vorteil.

Auf diese Weise kannst du dir – vorausgesetzt, du hast die Stammwörter der Tabelle einmal gelernt – leicht bis zu 100 Wörter merken. Wenn du nicht direkt verrätst, mit welchem Trick du arbeitest, kannst du deine Freunde und Verwandten in ziemliches Erstaunen versetzen.

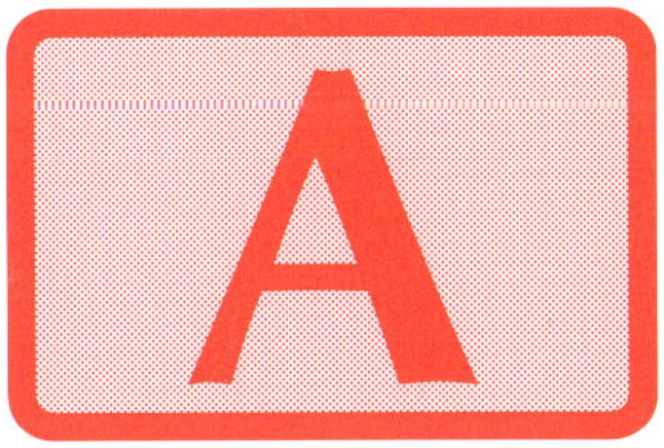

Damit soll es aber für dieses Mal genug sein. Nächstes Mal wirst du erfahren, wie du dieses Merksystem auch auf andere Sachen – zum Beispiel Unterrichtsstoff aus der Schule – übertragen kannst. Wenn du willst, kannst du noch einen Aufkleber in das A-Feld kleben. Wir sehen uns dann hoffentlich demnächst wieder. Es war wieder klasse. Bis dahin tschüs!

3.3 Anwendungen mit dem Merksystem

Letztes Mal habe ich dir mein Merksystem vorgestellt und gezeigt, wie du dir damit viele Wörter merken kannst. Daneben ist das Merksystem aber auch zum Auswendiglernen von Zahlen (wie z.B. Mathe-Zahlen, Geschichtsdaten, Telefonnummern oder Postleitzahlen) verwendbar. Man muß ja schließlich in der Schule auch ein bißchen mehr als (nur) Wörter lernen. Nehmen wir zum Beispiel einmal die in der Mathematik recht wichtige Zahl »Pi«. Sie wird zur

Das Gedächtnis

Berechnung von Kreisen benötigt. Der Wert dieser Zahl liegt bei etwa 3,1415927. Du wirst mir sicher zustimmen, daß das eine nicht ganz einfach zu merkende Zahl ist, oder? Versuchen wir doch einmal, sie uns mit dem Merksystem zu behalten. Wenn wir die Zahl in Zweierpakete zusammenfassen, können wir uns statt der Zahl, die entsprechenden Stammwörter aus der Tabelle merken:

3,1	41	59	27
Wal /	Halle /	Säge /	Neffe

Jetzt kannst du dir sicher schon vorstellen, wie es weitergeht. Man überlegt sich wieder eine Lerngeschichte, welche die vier Wörter *Wal, Halle, Säge* und *Neffe* verbindet. Stelle dir zum Beispiel vor, du siehst einen riesigen *Wal.* Der schwimmt aber nicht, wie man es vielleicht erwarten würde, im Meer, sondern der liegt ganz gemütlich in einer *Halle.* Aber das ist noch nicht alles. Es kommt noch besser! Plötzlich holt der Wal eine *Säge* heraus und beginnt, an allen Sachen herumzusägen. Erst als der *Neffe* des Wales eintrifft, bekommt er ein schlechtes Gewissen und hört sofort damit auf.

Mit ein bißchen Übung findest du sehr schnell eine Geschichte, die so verrückt ist, daß du sie gut behältst. Mit der Geschichte werden dann aber auch immer automatisch die Zahlen behalten, sofern man das Merksystem einmal gelernt hat. Meinst du, du kannst – ohne hochzuschauen – die Geschichte erzählen, die ich dir gerade zu der Zahl »Pi« gegeben habe?

Das Gedächtnis

Übung

Welche Geschichte würdest du dir für die Zahl:

6370

einfallen lassen? Diese Zahl ist im übrigen der Radius (der halbe Durchmesser) in km unserer Erde.

Hast du Lust, noch weitere Anwendungen des Merksystems zu erfahren? Also gut, alter Sportsfreund, dann spitz mal die Ohren! Wie schmeckt dir das: Als nächstes wollen wir das Fach Geschichte unter die Lupe nehmen. Im Grunde genommen ein recht interessantes Fach, wenn, ja wenn da nicht diese dummen Geschichtsdaten wären, die einem andauernd um die Ohren fliegen. Da muß man ja durcheinanderkommen. Also wollen wir der ganzen Geschichte einmal mit unserem Merksystem begegnen. Als erstes werde ich dir ein paar Daten geben, die du hoffentlich nicht schon alle kennst.

1492 : Kolumbus entdeckt Amerika
1525 : Großer deutscher Bauernkrieg
1648 : Ende des Dreißigjährigen Krieges
1776 : Amerikanische Unabhängigkeitserklärung
1789 : Beginn der Französischen Revolution
1815 : Wiener Kongreß
1917 : Russische Oktoberrevolution

Der Schlüssel des Merksystems liegt wieder darin, daß wir eine merkwürdige Geschichte suchen, welche die Geschichtszahlen in einen Zusammenhang mit den entsprechenden Ereignissen bringt. Die Zahl 14 92 ergibt mit dem System die beiden Wörter *Lufthansa* und *Gnom*. Stelle dir zum Beispiel vor:

Das Gedächtnis

> Als *Kolumbus* Amerika *entdeckte*, tat er dies nicht, wie jeder denkt, mit einem Schiff, sondern in einem *Lufthansa*-Flugzeug. Das Ganze war deshalb so gefährlich, weil das *Lufthansa*-Flugzeug nicht von einem normalen Flugzeugkapitän gesteuert wurde, sondern von einem kleinen, unangenehmen *Gnom*.

Wenn du dir dieses Bild in allen Einzelheiten ausmalst und dir genau vorstellst, wirst du sicher keine Schwierigkeiten mehr haben, dieses Geschichtsdatum zu behalten. Ich finde es auch gar nicht schlimm, daß diese Lerngeschichte mit der tatsächlichen Entdeckung Amerikas nicht viel gemeinsam hat. Du brauchst sie ja deinem Lehrer nicht zu erzählen. Solange du dir mit dem System die Jahreszahlen merken kannst, ist alles in Ordnung!

Versuche es jetzt selbst! Denke dir zu den anderen Jahreszahlen Merkgeschichten aus! Je öfter du das Merksystem verwendest, desto schneller kannst du damit arbeiten. Sollten die Geschichtsdaten für dich jetzt nicht ausreichen, kannst du dir ja selbst noch ein paar besorgen. Und wenn das immer noch nicht genug ist, kannst du mit dem System noch Telefonnummern auswendig lernen (habe ich auch schon einmal in einer »Wetten daß«- Sendung gesehen).

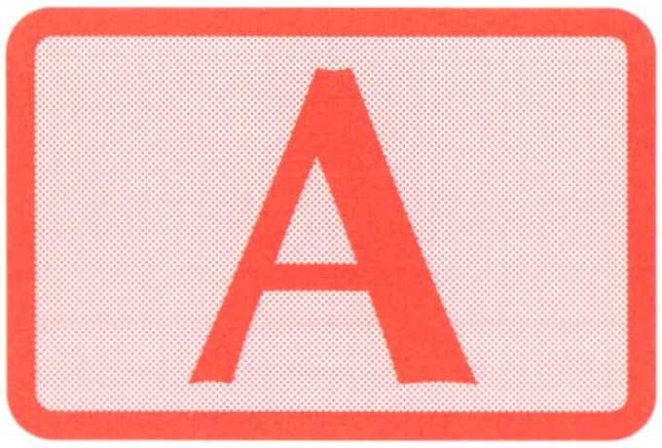

Für heute soll es nun aber wirklich genug sein. Also, Aufkleber ins A-Feld, Buch zu! Nächstes Mal werden wir versuchen, ob wir ein paar Merktechniken für das Lernen von Vokabeln finden können. Alles Weitere erzähle ich dir dann. Bis dahin.

4. Vokabeln

4.1 Tricks und Kniffe zum Vokabellernen

Vokabeln werden dich deine ganze Schulzeit (und wahrscheinlich noch darüber hinaus) begleiten. Heute bleibt es einem nicht mehr erspart, mindestens eine Fremdsprache zu beherrschen, sofern man nicht die ganze Zeit mit einem Dolmetscher (das ist ein Übersetzer) herumlaufen will.

Ein wesentlicher Bestandteil einer Fremdsprache sind nun aber die Vokabeln. Leider sprechen nicht alle Menschen dieselbe Sprache, so daß man halt im »Schweiße seines Angesichtes« eine Fremdsprache lernen muß, um sich mit Menschen anderer Länder zu verständigen.

Wenn uns das Vokabellernen nicht erspart bleibt (und das ist gar nicht so abwertend gemeint), sollten wir uns überlegen, *wie* wir es optimal gestalten können. Viele Schüler lernen sie nach irgendeinem – meist zufällig angeeigneten – System, ohne sich großartig Gedanken darüber zu machen. Unter Umständen ist die von ihnen verwendete Methode aber anstrengend und zeitraubend. Dann ist es kein Wunder, wenn ihnen die Lust am Vokabellernen vergeht.

Ganz allgemein gilt: Es gibt nicht *die* ideale Vokabel-Lern-Methode. So verschieden wir sind, so unterschiedlich müssen auch unsere Wege zum Vokabellernen sein. Was sich bei dem einen als günstig erwiesen hat, kann für den anderen unbrauchbar sein. Aus diesem

Vokabeln

Grund werden in den folgenden Abschnitten mehrere Techniken zum Lernen von Vokabeln vorgestellt, damit du dir eine geeignete heraussuchen kannst.

Ich suche mir meine beste Vokabel-Lern-Methode selbst aus! Ich bin es ja schließlich auch, der sie anwendet!

4.2 Merkwürdige Vokabeln

Das erste System, das ich dir vorstellen will, versucht, die Vokabeln merkwürdig zu gestalten. Wie bei der Merkgeschichte aus dem Gedächtniskapitel suchen wir uns irgendeinen komischen Zusammenhang zwischen der Vokabel und ihrer Übersetzung. Vokabeln haben ja in aller Regel nicht einen direkten Zusammenhang, den man sofort erkennen kann. Wenn wir also keinen sehen, denken wir uns eben einen aus. So einfach ist das. Und da wir uns diese Verbindung selbst aussuchen können, sollten wir uns eine überlegen, die wir uns gut merken können, eine merkwürdige eben. Ich will dir das an einem Beispiel demonstrieren. Unten findest du ein paar lateinische Vokabeln, die du hoffentlich noch nicht kennst.

domus:	Haus
servus:	Sklave
bibere:	trinken
porta:	Tür
gaudere:	freuen
filia:	Tochter
subito:	plötzlich
petasus:	Reisehut
sapo:	Seife
astus:	listiger Anschlag, Finte
teloneum:	Zoll, Zollhaus

Vokabeln

Bei dem ersten Vokabelpaar *domus – Haus* überlege ich, was mir als erstes bei dem lateinischen Wort *domus* einfällt. Das könnte zum Beispiel *der Dom* (eine Kirche) sein. Anschließend suche ich nach einer Verbindung zwischen diesem Wort und der deutschen Übersetzung. In unserem Fall wären das die Wörter *der Dom* und *das Haus*. Stelle dir also zum Beispiel vor, du willst nach *Hause* gehen. Aber wo gestern noch euer *Haus* stand, findest du heute nur noch einen riesigen *Dom*. Und komischerweise bist du der einzige, dem das auffällt. Alle anderen – deine Eltern, deine Geschwister und deine Nachbarn – finden es ganz normal, daß du plötzlich in einem *Dom* wohnst.

Wenn du später einmal nach dem lateinischen Wort *domus* suchst, so hilft dir die Geschichte weiter, so als ob dir jemand sagen würde: »Die lateinische Übersetzung fängt wie *Dom* an!« Alles klar? Versuche doch einmal selbst, für die anderen Wörter einen merkwürdigen Zusammenhang zu finden! Mit ein bißchen Übung geht das recht schnell und kann dann eine große Hilfe sein! Du kannst die gefundenen Verbindungen ja für dich behalten. Schließlich sollen sie für dich nur eine Hilfe darstellen.

Merkwürdige Vokabeln merke ich mir.

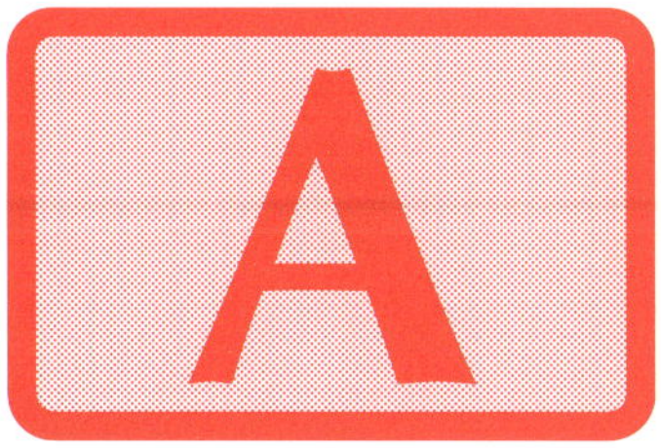

Für heute soll damit aber wieder einmal Schluß sein. Was nicht heißen soll, daß das bereits schon alle Tricks zum Vokabellernen waren. Nächstes Mal will ich dir die hypergeniale Vokabel-Ruckzuck-Lern-Kartei-Kasten-Maschine vorstellen. Klingt interessant? Dann sehen wir uns ja demnächst wieder. Aber nicht mehr heute! Aufkleber rein und Buch zu! Wird's bald? Bis demnächst ... und tschüs.

Vokabeln

4.3 Die Vokabel-Ruckzuck-Lern-Kartei-Kasten-Maschine

Maschinen haben einen großen Vorteil: Sie erleichtern dem Menschen die Arbeit. Es gibt Kaffeemaschinen, die den Kaffee kochen, es gibt Küchenmaschinen, die uns in der Küche (wo denn sonst?!?) helfen, und noch viele weitere Maschinen, die uns das Leben angenehmer gestalten können.

Lernmaschinen gibt es allerdings noch nicht so viele. Was aber nicht heißen soll, daß es überhaupt keine gibt. Wie bitte, du glaubst mir nicht? Dann kennst du sicher noch nicht die Vokabel-Ruckzuck-Lern-Kartei-Kasten-Maschine, oder kurz für Fachleute: die VRLKK-Maschine. Auch wenn sie nicht mehr ganz neu ist, finde ich sie zum Vokabellernen fast ideal. Leider wird sie von vielen Leuten nicht optimal bedient. Dann kann sie ja nicht richtig funktionieren. Das wäre genauso, als wenn du in eine Kaffeemaschine Kakao statt Kaffee geben würdest. Das würde sicher auch nicht so toll schmecken, oder? Aus diesem Grund erhältst du von mir die VRLKK-Maschinen-Bedienungsanleitung.

Zuerst aber wollen wir uns einmal unsere VRLKK-Maschine bauen. Dazu mußt du kein Ingenieur sein. Du benötigst nichts weiter als zwei DIN A4-Karton und ein Päckchen Karteikarten der Größe DIN A7, die du in einem Schreibwarenladen kaufen kannst, einen Stift, ein Lineal, eine Schere und Kleber. Wenn du alles besorgt hast, kannst du hier an dieser Stelle weiterlesen.

Alles beisammen? Klasse, dann kann es jetzt losgehen! In der folgenden Zeichnung findest du die Maße für den Grundkasten. Als erstes mußt du den Bogen genau nach Plan zurechtschneiden und dann zusammenkleben. Es kann eine Hilfe sein, wenn du die Klebestellen mit Büroklammern zusammenhältst.

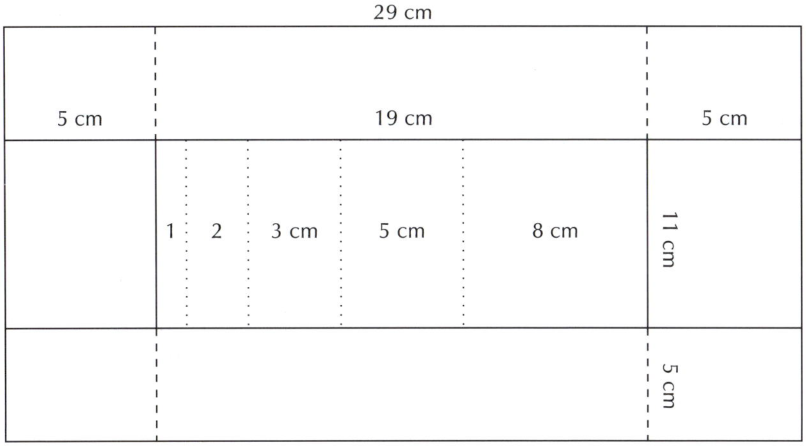

- - - - - - - - - - = an diesen Stellen einschneiden

———————— = an diesen Stellen nach oben knicken (vorher mit Schere leicht einritzen).

· · · · · · · · · · · · · · · · = auf diesen Linien Trennwände (zur Zelle) einsetzen.

Nun brauchst du noch die vier Trennwände:

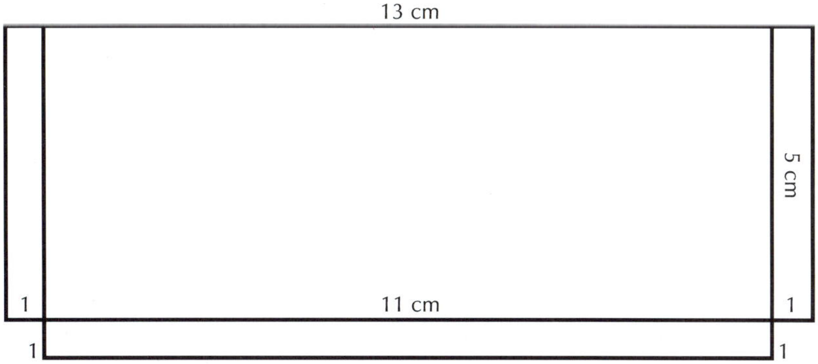

Nachdem du die Trennwände ausgeschnitten hast, kannst du sie auf die gepunkteten Linien kleben. Fange am besten mit den Trennwänden der kleinen Kammern an. Sonst wird es später zu eng. Auch hier können Büroklammern eine Hilfe darstellen.

Fertig? Nachdem ich dich so lange habe arbeiten lassen, sehe ich ein, daß du jetzt eine Pause brauchst. Deshalb kannst du für heute einen Schlußpunkt setzen. Findest du noch einen Aufkleber für das A-Feld? Nächstes Mal werde ich dir erzählen, wie du die VRLKK-Maschine einsetzen kannst. Dazu brauchst du dann die Karteikarten und etwa 20 unbekannte Vokabeln. Also, bis dahin, tschüs.

4.4 Bedienungsanleitung zur VRLKK-Maschine

Heute wollen wir uns dem Gebrauch der VRLKK-Maschine widmen. Hast du die VRLKK-Maschine, die leeren Karteikarten und ein paar noch unbekannte Vokabeln parat?

Als erstes beschriften wir die Karteikärtchen. Auf die eine Seite der Karte kannst du die Vokabel, auf die andere Seite die deutsche Übersetzung schreiben. Für jede Vokabel verwendest du ein Kärtchen.

Nun könnte ich mir vorstellen, daß sich deine Meinung über die VRLKK-Maschine in diesem Moment deutlich verschlechtert hat. Aber glaube mir, das Aufschreiben der Vokabeln ist keine unnötige Tätigkeit. Im Gegenteil: Es ist bereits der erste Lernabschnitt! Du mußt dich nämlich schon hier mit den Vokabeln beschäftigen und bist somit mitten im Lernen drin. Viele Schüler unterschätzen das Lernen durch Schreiben. Sicher hast du es auch schon einmal erlebt, daß man Dinge, die man sich aufgeschrieben hat, viel länger behalten kann. Also solltest du diese Lernmöglichkeit nutzen!

Sobald die Vokabeln auf den Kärtchen stehen, können wir richtig loslegen und sie durch die VRLKK-Maschine jagen. Dazu nimmst du etwa 20 Kärtchen und steckst sie in das erste (kleinste) Fach. Jetzt nimm die erste Karte heraus. Lies die Vorderseite und versuche, dich an die Übersetzung auf der Rückseite zu erinnern! Gelingt dir das nicht, drehst du die Karte um, prägst dir das Wort ein und steckst die Karte wieder zurück in das erste Fach ganz nach hinten, so daß es im zweiten Durchgang wieder gelernt werden kann. Ver-

fahre genauso mit den weiteren Kärtchen des ersten Faches! Die richtig beantworteten Kärtchen wandern dabei immer in das nächste Fach, während die noch nicht gekonnten Kärtchen im ersten Fach verbleiben. Sobald das erste Fach fast leer ist, kannst du es mit neuen Kärtchen auffüllen. Das ganze geht solange, bis das zweite Fach ganz aufgefüllt ist.

Damit du für weitere Kärtchen im zweiten Fach wieder Platz schaffst, nimmst du aus diesem etwa zehn Kärtchen und kontrollierst dein Wissen. Die gekonnten Kärtchen wandern dabei weiter in das dritte Fach, während die nicht gewußten Kärtchen wieder in das erste Fach zurück müssen.

In gleicher Weise füllen und leeren sich die Fächer 3 und 4. Kärtchen, die im fünften Fach die »Endkontrolle« passieren, kannst du ohne Bedenken aus der VRLKK-Maschine nehmen. Du kannst sicher sein, daß sie nun für längere Zeit in deinem Gedächtnis abgespeichert sind.

Bei diesem Verfahren lernst du nur die Vokabeln, die noch nicht richtig sitzen. Vokabeln, die für dich sehr einfach sind, halten sich nicht unnötig in der Maschine auf, während schwere Vokabeln die Lernzeit erhalten, die sie benötigen. So wird eine zeitraubende, unnötige Wiederholung vermieden, wie sie im Vokabelheft oder in Buchlektionen unumgänglich ist, weil dort beim Wiederholen reihenweise längst bekannte Vokabeln mit erfaßt werden. Die verschiedenen Größen der Fächer sorgen dafür, daß die Wiederholungen auch zur richtigen Zeit erfolgen. Während am Anfang eine schnelle Wiederholung sinnvoll ist, sollte man danach die Zeitabstände zwischen den Wiederholungen verlängern.

Mit der VRLKK-Maschine erhält jede Vokabel die Lernzeit, die sie auch wirklich benötigt. Unnötige Wiederholungen bleiben aus.

Wenn du die Maschine ein paarmal ausprobiert hast, wirst du sehen, daß man mit ihr sehr viel Zeit sparen kann. Am besten startest du direkt einen ersten Versuch. Auf der Abbildung der nächsten Seite findest du die Wanderwege der Kärtchen eingezeichnet.

Vokabeln

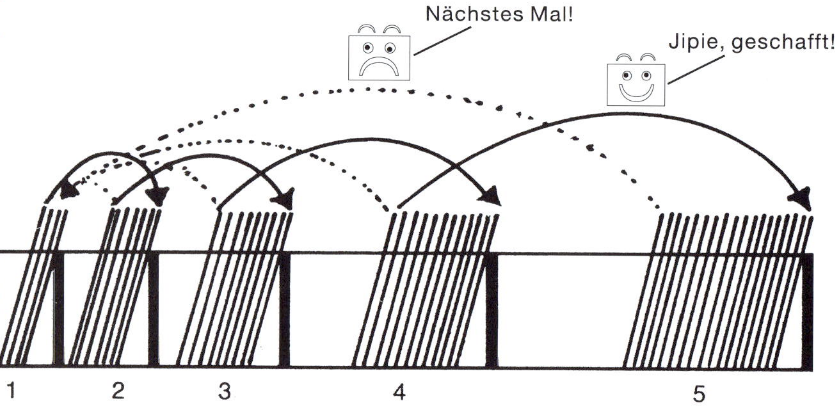

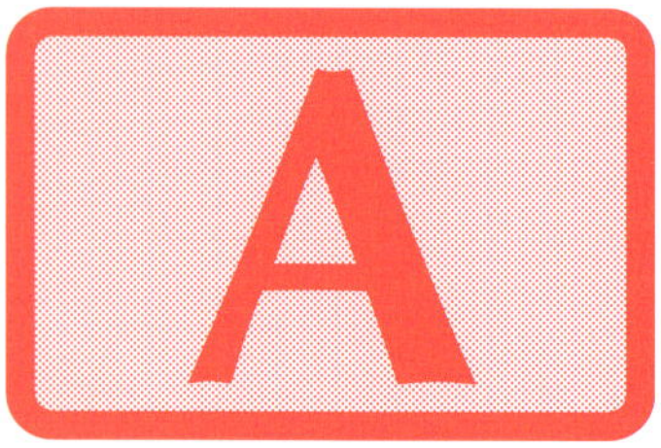

Übrigens ist dieses System ebenso für andere Fächer geeignet. So kannst du es auch zum Lernen von Mathe-Formeln, Geschichtsdaten oder Rechtschreibregeln verwenden. Ich denke, dir fallen mit Sicherheit noch andere Anwendungsmöglichkeiten der VRLKK-Maschine ein, die übrigens nicht unbedingt etwas mit Schule zu tun haben müssen. Dabei wünsche ich dir auf jeden Fall viel Spaß! Für heute soll es damit wieder einmal genug sein, wir sehen uns bald wieder, bis dahin, tschüs!

4.5 Das Merkposter

Heute möchte ich dir noch eine dritte Methode zum Vokabellernen vorstellen. Dazu muß ich aber noch ein wenig ausholen.

Ist es dir schon einmal passiert, daß dir an bestimmten Orten bestimmte Sachen eingefallen sind? Wir haben das schon einmal im Kapitel über den Arbeitsplatz angesprochen. Gelegentlich geht es aber auch anders herum. Oft lernen wir beim Lernen die Umgebung mit, ohne daß wir das eigentlich beabsichtigen. Wenn wir nach einer Übersetzung einer Vokabel suchen, können wir häufig genau sagen, an welchem Ort die Vokabel bei uns im Buch steht. Geht es dir auch so? Dann dürfte für dich die Lernmethode des Merkposters interessant sein. Denn diese Methode nutzt genau diesen Zusammenhang aus.

Vokabeln

Dazu habe ich erst einmal wieder ein kleines Experiment mit dir vor. Hast du Lust? Wenn ja, dann besorge dir doch bitte einen großen Bogen Papier, einen dicken Farbstift und ein paar noch unbekannte Vokabeln (Die wird es ja wohl noch geben, oder?).

Übung

Alles beisammen? Gut, dann wollen wir uns an das Merkposter heranwagen. Schreibe doch bitte die fünf schwersten der unbekannten Vokabeln mit der Übersetzung auf das Papier. Es sollte schön groß sein, so daß du sie auch noch von Weitem lesen kannst. Wenn du Lust hast, kannst du das Poster mit ein paar Bildchen abrunden (Vielleicht welche, die mit der Vokabel zusammenhängen.).

Nun müssen wir uns Gedanken machen, wo wir das Merkposter aufhängen. Der Speicher oder die Garage, wo wir so gut wie nie vorbeikommen, wäre sicher nicht so geeignet. Suche dir statt dessen einen Ort aus, an dem du häufig vorbeikommst. Ich kann dir ja einmal sagen, wo ich meine Merkposter aufhänge. Meine besten Plätze sind über meinem Bett, wo ich vor dem Einschlafen gelegentlich noch einmal draufschaue, oder in der Küche, wo ich auch fast täglich vorbeikomme. Mein absoluter Renner ist allerdings die Wand vor unserer Toilette. Das klingt jetzt sicher wieder albern, aber ich habe bis jetzt wirklich noch keinen annähernd so guten Ort gefunden. Und da ist mir dann auch ganz egal, was die anderen dazu sagen!

Wenn du dich für einen Platz entschieden hast und dein Merkposter dort seinen festen Platz gefunden hat, kommen wir zum wichtigsten Teil dieses Experimentes. Ob du es willst oder nicht, nimm dir doch bitte nicht vor, diese Vokabeln zu lernen. Du hast richtig

gelesen. Es soll nicht deine Aufgabe sein, die Wörter zu lernen. Klingt vielleicht verrückt, aber du wirst den Sinn sicher bald einsehen. Das Merkposter hängt einfach an seinem dafür ausgesuchten Ort, und damit hat es sich. Mehr ist im Moment nicht gefordert. – Wirklich nicht. Wenn du es unbedingt anschauen willst, dann bitteschön, aber nur, wenn du wirklich willst. Komm nicht in die Versuchung, dir vorzunehmen, die Vokabeln zu lernen. Das soll nicht das Ziel sein. Laß das Poster einfach für zwei bis drei Wochen an seinem Ort.

Wenn du dich ganz genau an diese Anweisung hältst, wirst du vermutlich nach zwei Wochen eine faustdicke Überraschung erleben. Denn nach dieser Zeit dürftest du (und oft auch die anderen Familienmitglieder), ohne irgendeinen Streß, diese Vokabeln gelernt haben. Du hast freiwillig Vokabeln gelernt! Kannst du mir sagen, wann dir das zum letzten Mal passiert ist? Probiere die Methode doch noch heute aus. Sie ist bombensicher! Du kannst ja ein paar Vokabeln verwenden, die du demnächst so oder so lernen mußt.

Freiwillig gelernt – eine neue Dimension der Beschäftigung.

Das System läßt sich auch hervorragend auf andere Fächer übertragen. So könnten in gleicher Weise Geschichtsdaten oder Mathematik-Formeln ihren Platz auf einem Poster finden. Als Alternative kannst du auch statt einem weißen Papier ein fetziges Rock-Poster nehmen. Mathe-Formeln auf einem »Guns 'N Roses«-Poster, warum eigentlich nicht?

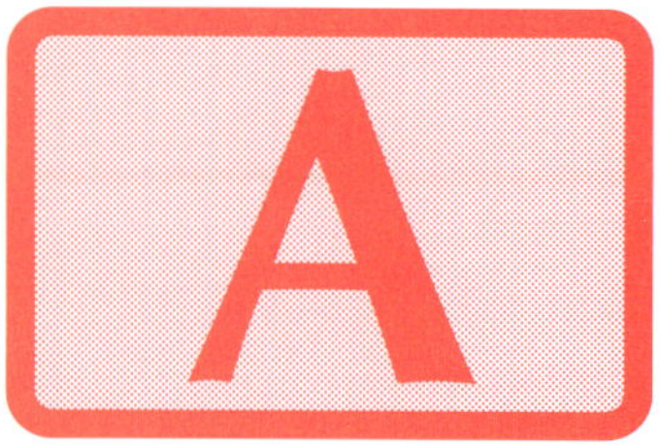

Ich glaube, dir fällt sicher selbst noch ein, wie du dein Merkposter gestalten kannst. Deshalb will ich auch an dieser Stelle damit aufhören und mich bis zum nächsten Mal von dir verabschieden. Im nächsten Abschnitt steht das Thema Motivation und Konzentration auf der Tagesordnung. Für heute kann ich dir nur noch ein A-Feld anbieten. Und tschüs.

5. Motivation und Konzentration

5.1 Hast du ein Motiv?

Warum verdächtigen Kommissare, die ein Verbrechen aufklären sollen, in erster Linie Leute, die ein Motiv für das Verbrechen haben könnten? – Richtig, sie wissen: Ohne Motiv, ohne Motivation würde kein Mensch eine solche Tat begehen. Denn um irgend etwas zu machen, haben wir immer einen Grund, ein Motiv. Es wird mir schwerfallen, mich mit etwas zu beschäftigen, worin ich keinen Sinn erkennen kann. Ja, es wäre geradezu falsch, wenn ich mich nicht stets selbst fragen würde, ob mein Handeln richtig ist.

Also könnte man – zugegebenermaßen etwas unüberlegt – einfach sagen: »Sei motiviert«, und das Lernen wird ganz einfach. Leider ist das bei manchen Tätigkeiten (oft auch bei Schulfächern) nicht ganz so einfach, wie ich das gerade vorgegeben habe. Denn wie soll ich mich für ein Fach interessieren, bei dem ich nur noch »Bahnhof« verstehe? Wie soll mir ein Fach Spaß machen, wenn ich dort nur schlechte Noten erhalte?

Mit dem Satz: »Sei doch motiviert!« ist uns folglich noch lange nicht geholfen. Sollen wir uns also einfach damit abfinden, daß manche Fächer blöde sind, und damit basta? Das wäre vielleicht auf kurze Sicht eine kleine Erleichterung. Denn in einem Fach, in dem man sowieso keine guten Noten erzielen kann, lohnt sich ja auch das Arbeiten nicht. Ich kann also mit dem Lernen aufhören. Super! Mit dieser Methode darf ich aber auch nicht erwarten, daß mir das Fach jemals Spaß machen wird. Wenn ich dem Fach nie eine Chance

gebe, wird sich meine Situation auf keinen Fall verbessern. Du hast es selbst in der Hand, ob du dem Fach eine Chance geben willst.

Ich will dir aber nicht zuviel versprechen. Die von mir angesprochenen Katastrophenfächer werden kaum von heute auf morgen zu deinen Lieblingsfächern. Es wird immer Gebiete geben, die dir mehr Spaß machen als andere. Trotzdem gibt es Wege, die dir das Leben mit den ungeliebten Fächern etwas erleichtern!

Packen wir dazu die Sache von einer anderen Seite an. Überlege dir doch einmal, welche Motive du hast, in deinem Lieblingsfach zu arbeiten! Weshalb macht dir dieses Fach Spaß? Wenn du kein Fach findest, das dir gefällt, so hast du doch sicher ein Hobby, das dir Freude bereitet und für das du gerne Zeit investierst. Solltest du vielleicht sogar für dieses Hobby einmal etwas »gelernt« haben? Was motiviert dich so an diesem Fach oder Hobby?

Nun will ich dich andersherum fragen: Was genau stößt dich an den Fächern ab, die dir nicht so liegen? Suche dir doch einmal dein schlimmstes Fach heraus! So, und nun schreibe alle Argumente gegen dieses Fach auf:

Motivation und Konzentration

Nun, wie sieht es aus? Könntest du noch mehr aufschreiben oder mußtest du am Schluß sogar nach Argumenten suchen? Wie schnell bist du bereit, dir eine schlechte Meinung über ein Fach zu bilden? Was gehört alles dazu, daß du ein Fach so richtig »zum Würgen« findest?

Ich möchte dich in diesem Zusammenhang wieder einmal zu einem kleinen Experiment einladen. Du findest rechts das Bild einer Frau. Schaue dir das Bild in aller Ruhe an und beantworte anschließend die Frage: Ist die Frau älter oder jünger als 40 Jahre?

Ohne ein Hellseher zu sein, kann ich mir vorstellen, daß dir die Beantwortung der Frage keine Schwierigkeiten bereitet hat, richtig? Und jetzt kommt das Verrückte: Wenn du das Bild in deinem Freundeskreis mit der gleichen Frage herumzeigst, wirst du vermutlich feststellen, daß sie sich damit auch nicht sehr schwer tun. Soweit ist das ja noch in Ordnung. Allerdings könnte ich mir vorstellen, daß manche deiner Freunde zu einem ganz anderen Ergebnis kommen. Trotzdem ist jeder von euch überzeugt, daß er im Recht ist.

Da hilft auch kein verständnisloses Kopfschütteln; sobald ich einen Eindruck habe, bin ich für neue Ansichten oft »blind«. Dabei ist dieses Bild gerade so aufgebaut, daß es nicht nur eine, sondern gleich zwei Frauen beinhaltet. Wenn du es dir noch einmal genau anschaust, wirst du vermutlich auch die zweite Frau erkennen. Die von mir gestellte Frage war demnach gar nicht eindeutig lösbar. Beide Antworten sind nicht falsch, aber sie stellen eben nur die halbe Lösung dar.

Allzuschnell ordnen wir Sachen in gut und schlecht, in interessant und langweilig ein. Wenn ich mir zum Beispiel über einen Film oder ein Musikstück schon nach wenigen Augenblicken eine Meinung bilde, ohne daß ich bereit bin, mich weiter damit auseinanderzusetzen, wird mir oft etwas entgehen, nehme ich mir von vornherein die Möglichkeit, etwas Neues oder Interessantes zu finden.

Motivation und Konzentration

Hätte ich das Bild von der alten und der jungen Frau nach meinem ersten Urteil als erledigt aus der Hand gelegt, so wäre mir der eigentliche Sinn dieses Bildes entgangen. Damit wäre es für mich unsinnig und langweilig. Erst wenn ich bereit bin, mich mit der auf den ersten Blick unsinnig erscheinenden Sache zu beschäftigen – auch wenn es unnötig erscheint –, kann ich deren Bedeutung erfassen. – Jetzt hat der Spaß eine Chance.

Wer alles langweilig findet, wird selbst schnell langweilig.

Ich habe vor einiger Zeit einen sehr interessanten Satz in einem Film (Der Club der toten Dichter) gehört. Er hieß etwa:

> *»Gerade wenn man glaubt, etwas richtig zu kennen, gerade dann ist es wichtig, es von einer anderen Sicht zu betrachten. Auch wenn es überflüssig und lächerlich erscheint!«*

Ich habe mich lange mit dem Satz beschäftigt. In ihm steckt viel Wahrheit. Bitte verstehe mich jetzt nicht falsch; du sollst nicht alles und jedes toll finden. Nein, das meine ich nicht. Wenn du dir eine feste Meinung über Sachen bildest, ist das richtig und in Ordnung! Egal, ob du es gut oder schlecht findest. Aber laß dir genügend Zeit damit! Es ist eine Stärke, wenn du in der Lage bist, allem Neuen eine Chance zu geben! Auch wenn dich andere dafür vielleicht schräg anschauen werden, weil sie – vielleicht unüberlegt – zu einem anderen Urteil kommen. Du bist letzten Endes derjenige, der die Entscheidungen trifft und mit diesen leben muß! Laß dir das nicht von anderen abnehmen! Überlege dir also sehr genau, was du willst und was nicht!

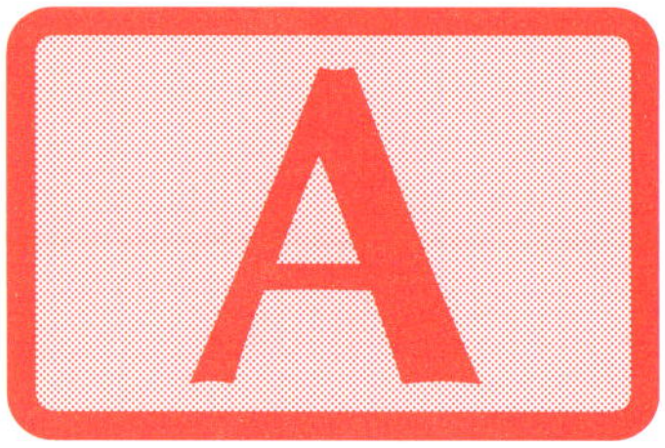

So, für heute hast du wieder einmal genug gelesen. Wenn du willst, dann klebe noch schnell einen Aufkleber in das A-Feld, bis zum nächsten Mal, tschüs.

5.2 Tue, was du tust!

Den heutigen Abschnitt möchte ich mit einer kleinen Geschichte beginnen:

> *Vor langer Zeit kam einmal ein alter fremder Mann in ein Dorf. Dort ging er zu den Leuten und sagte ihnen:*
>
> *»Wenn ich sitze, dann sitze ich, wenn ich stehe, dann stehe ich, und wenn ich gehe, dann gehe ich!«*
>
> *Die Leute im Dorf wußten nicht, was der alte Mann damit sagen wollte, und kümmerten sich nicht weiter um ihn. Da sprach der Mann abermals:*
>
> *»Wenn ich sitze, dann sitze ich, wenn ich stehe, dann stehe ich, und wenn ich gehe, dann gehe ich!«*
>
> *Die Leute wurden darauf sehr ungehalten und gingen zum alten Mann. »Was soll das Gerede, Fremder«, frugen sie ihn, »das tun wir doch auch! Wenn wir sitzen, dann sitzen wir, wenn wir stehen, dann stehen wir, und wenn wir gehen, dann gehen wir!«*
>
> *»Nein«, entgegnete der alte Mann, »das tut ihr eben gerade nicht! Denn wenn ihr sitzt, dann steht ihr bereits, wenn ihr steht, dann geht ihr bereits, und wenn ihr geht, dann seid ihr schon längst angekommen!«*
>
> *Da erst verstanden die Leute im Dorf, was ihnen der Fremde sagen wollte.*

Fällt es dir gelegentlich auch schwer, das zu tun, was du tust? Ganz gleich, ob es das Lernen, Spielen oder einfach das Nichtstun ist.

Tip

Tue, was du tust!

Motivation und Konzentration

Dieser banal klingende Satz ist einer der wichtigsten Merkregeln für das Lernen. Das Lernen kann dir keiner abnehmen. Nichts ist schlimmer, als den ganzen Nachmittag mit einem schlechten Gewissen am Schreibtisch zu sitzen und Strichmännchen zu malen. Dann muß sich ja früher oder später ein Frust auf das Lernen einstellen. Höre lieber rechtzeitig auf und mache eine Pause, um dann später wieder mit neuer Energie an die Arbeit zu gehen.

Nimm dir doch für die nächste Zeit einmal vor, dich ganz bewußt auf die Dinge zu konzentrieren, die du im Moment gerade machst. Auch wenn das jetzt vielleicht spießig oder belehrend klingt. Ich würde es nicht schreiben, wenn ich nicht davon überzeugt wäre, daß es dir eine große Hilfe sein könnte. Sicher muß es auch Phasen der Zerstreuung geben, in denen du deinen Gedanken einfach freien Lauf läßt. Auch das ist wichtig. Dann muß es dir aber wieder gelingen, dich ganz auf dein jeweiliges Tun zu konzentrieren. Je mehr du bei der Sache bist, desto schneller hast du sie erledigt.

In diesen Zusammenhang paßt die schöne Weisheit:

Am reichsten sind die Menschen, die auf das meiste verzichten können.

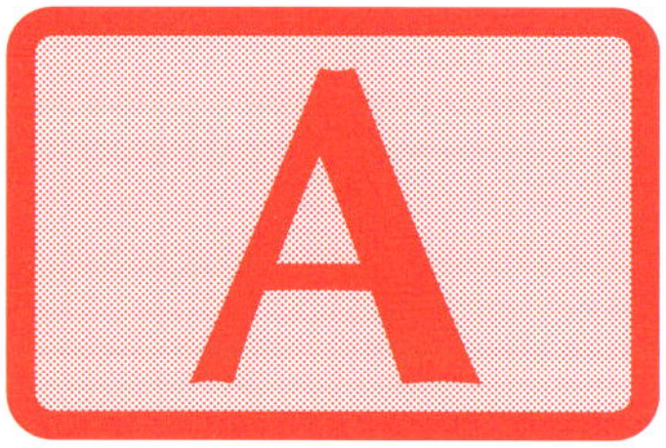

Laß dir ein bißchen Zeit und denke noch einmal über die Geschichte nach. Damit möchte ich dieses Kapitel beschließen. Wenn du willst, sehen wir uns demnächst wieder, dann werde ich noch einmal etwas über Motivation schreiben. Schnell noch einen Aufkleber in das A-Feld … bis dahin, tschüs.

Motivation und Konzentration

5.3 Zielstrebiges Arbeiten

Ich möchte dieses Kapitel wieder mit einem Spruch einleiten:

Wer den Hafen nicht kennt, für den ist kein Wind günstig.

Kennst du deine Häfen? Oder anders ausgedrückt: Hast du schon eine klare Vorstellung, wie deine Zukunft aussehen soll? Könntest du zum Beispiel die folgenden Fragen beantworten? (Laß dir bei der Beantwortung genügend Zeit!)

Welche Wünsche habe ich im bezug auf Ausbildung und Beruf?

____

____

Was will ich in den nächsten sieben Jahren erreichen?

____

____

Was will ich in den nächsten drei Jahren erreichen?

____

____

Was will ich im nächsten Jahr erreichen?

____

____

Was will ich im nächsten Halbjahr erreichen?

____

____

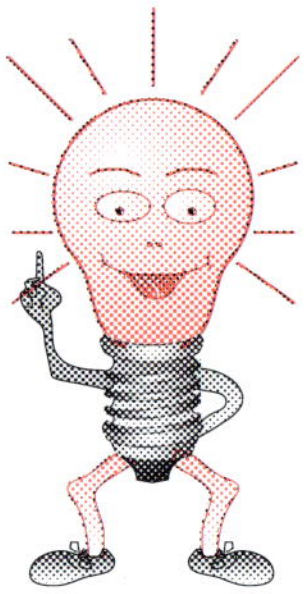

Motivation und Konzentration

Was will ich im nächsten Monat erreichen?

____

____

Was will ich nächste Woche erreichen?

____

____

Was will ich in den nächsten drei Tagen erreichen?

____

____

Was will ich morgen erreichen?

____

____

Wie ist es ausgegangen? Mußtest du bei der einen oder anderen Frage erst lange überlegen oder war alles sofort klar? Ein festes Ziel, eine genaue Vorstellung kann eine große Hilfe für alles sein, was man tut, ganz gleich, ob du spielst, dich mit einem Hobby beschäftigst oder lernst.

Wir können dabei ferne Ziele unterscheiden, die du erst in ein paar Jahren erreichen wirst, und nahe Ziele, bei denen du dir etwas für die nächsten Tage, ja vielleicht sogar Stunden vornimmst. Diese nahen Ziele haben den Vorteil, daß du recht schnell das Erfolgserlebnis hast, sofern du das Ziel erreichst. Solche Erfolgserlebnisse können dich motivieren, weiterzumachen. Um ein wirkliches Erfolgserlebnis zu haben, ist es allerdings wichtig, daß ich mir meine Ziele nicht zu hoch, aber auch nicht zu tief stecke. Ein Ziel, das ich mit »Links« erreiche, stellt für mich keine Herausforderung dar; dagegen wird mich ein Ziel, das ich kaum erreichen kann, eher frustrieren. Ich muß meine Ziele gut auswählen. In einem Gebiet, in dem ich mit meinen Zielen erfolgreich bin, habe ich Lust, weiterzuarbeiten, ja, vielleicht macht es mir dann sogar Spaß. Das ist einer der ältesten Tricks beim Lernen. Aber er wirkt! Und damit ist er erlaubt und ratsam, auch wenn er noch so alt ist.

Das selbst gesteckte Ziel steigert meine Motivation.

Aus diesem Grund ist es schlau, wenn deine Ziele nicht zu weit in der Zukunft liegen. Wenn du deine Vorsätze erst nach langer Zeit erfüllen kannst, wirst du bis dahin weniger Erfolgserlebnisse haben. Der Vorsatz, ein gutes Abitur zu machen, ist sicher nett, er wird dich aber kaum jeden Tag anspornen, etwas zur Erfüllung dieses Vorsatzes zu unternehmen. Teilst du hingegen eine Aufgabe – zum Beispiel deine Hausaufgaben – in viele kleine Teilaufgaben ein und machst dir diese wirklich bewußt, so hast du öfter das Gefühl, etwas erreicht zu haben. Dies kann dich zum Weiterarbeiten ermutigen.

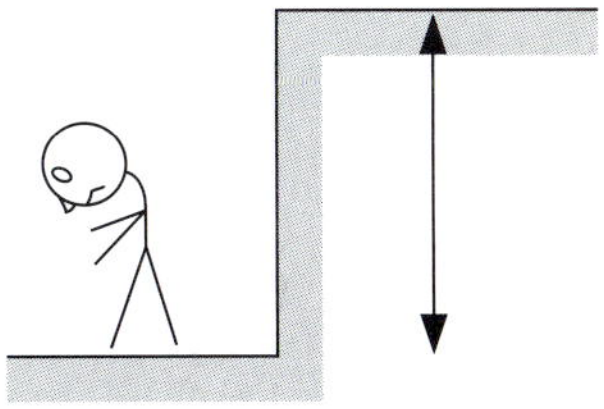

Hast du verstanden, was die Bilder rechts aussagen sollen? Im letzten Teil dieses Kapitels möchte ich dir noch den »Lernvertrag« vorstellen. Er kann dir beim Formulieren von guten Vorsätzen eine große Hilfe sein. Es ist zwar wieder ein ganz billiger Trick, aber wie du bereits gesehen hast, sind das sehr oft die besten.

Der Lernvertrag ist ein Vertrag, den du mit niemand anderem als mit dir selbst abschließt. Im Lernvertrag kannst du Vorsätze, die du in Zukunft verwirklichen willst, schriftlich festhalten. Gedankliche Vorsätze bieten nur eine geringe Hilfe, da sie nicht sehr verbindlich sind und somit leicht verändert werden können. Es ist halt doch

etwas anderes, ob du dir Vorsätze nur vage im Kopf festhältst oder ob du sie aufschreibst. Verstärkend kommt noch hinzu, daß du diesen Lernvertrag – wie einen richtigen Vertrag – mit einem Datum und mit deiner Unterschrift versiehst. Es gibt dann kein Zurück mehr! Das hört sich jetzt vielleicht wieder nach Selbstbetrug an. Und du liegst wieder einmal völlig richtig. Es ist mal wieder ein glatter Selbstbetrug. Da du den Vertrag nur mit dir selbst abschließt, brauchst du ihn auch niemandem zu zeigen. Er besitzt eine Art Tagebuchcharakter!

Ich will dir nun noch ein paar Tips zum Formulieren der Vorsätze geben, welche sich bei mir bewährt haben.

1. ***Vorsätze sind für die Öffentlichkeit nicht zugänglich.***
2. ***Vorsätze werden schriftlich fixiert, um ihre Wirksamkeit zu erhöhen.***
3. ***Die aufgeschriebenen Vorsätze sollten so oft wie möglich gelesen werden.***
4. ***Folgende Punkte sind bei der Bearbeitung zu beachten:***
   - ***Alle Vorsätze werden in der Ich-Form geschrieben.***
   - **»Ich möchte«** ***oder*** **»Ich sollte«** ***sind ungeeignet, sie enthalten Hintertüren.***
   - **»Ich werde«** ***läßt nichts offen.***
   - ***Bei jeder Formulierung durch gewissenhafte Selbsteinschätzung überprüfen, ob ich nicht überfordert bin.***
   - ***Nicht zu viele Vorsätze auf einmal.***
   - ***Nach einem selbstgewählten Zeitraum neue Vorsätze formulieren, dabei die eingetretenen Fortschritte mit einarbeiten.***
5. ***Durch die Unterschrift unter die Vorsätze entsteht eine Verbindlichkeit, die die Willenskraft enorm stärkt und dich auffordert, dich selbst ernst zu nehmen.***

Motivation und Konzentration

Vielleicht kopierst du den Lernvertrag erst einmal, bevor du ihn verfaßt. So kannst du ihn später – sollte er dir gefallen – noch ein weiteres Mal verwenden. Jetzt schau ihn dir aber erst einmal an:

Lernvertrag

____

____

____

____

____

____

____

____

____

____

____

____

____

____

____
Unterschrift

______________________________ , den ______________________________
Ort Datum

Ich wünsche dir auf jeden Fall gute Vertragsverhandlungen und recht viel Erfolg mit dieser Idee. Für heute soll es genug sein. Wenn du willst, kannst du noch einen Aufkleber in das A-Feld plazieren. Bis die Tage, ciao!

5.4 Konzentration

»Jetzt konzentrier' dich doch einmal!« Ist dir diese Aufforderung auch schon einmal über den Weg gelaufen? Öfters sogar? Leider wird sie für dich genauso wenig eine Hilfe darstellen wie der Satz *»Sei bitte motiviert!«*. Wir müssen demnach einen anderen Weg finden.

Neben der Motivation ist auch die Konzentration (wieder ein Fremdwort) eine wichtige Voraussetzung für das Lernen. Wenn ich mich auf meine Arbeit gut konzentriere, bin ich viel schneller fertig und kann etwas anderes machen. Es wäre also schön, wenn wir uns besser konzentrieren könnten.

Kann man »sich konzentrieren« eigentlich üben oder sogar lernen? Klar, die Konzentration hängt immer von der Motivation und der jeweiligen Tagesform ab. Aber es gibt tatsächlich einige Kniffe, mit denen du dein Konzentrationsvermögen steigern kannst. Diese will ich dir auf den folgenden Seiten vorstellen.

Eine mögliche Lösung steckt bereits in dem Wort »Konzentration« selbst. Das Wort kommt aus dem Lateinischen und heißt übersetzt: *Sich auf den Punkt sammeln*. Konzentration heißt also nicht in erster Linie, die Aufmerksamkeit zu erhöhen, sondern sie auf das zu sammeln, mit dem du dich im Augenblick beschäftigst. Wenn du einmal Leute beobachtest, die sich nur schwer auf etwas konzentrieren können, dann wirst du sicher feststellen, daß diese Menschen oft Schwierigkeiten haben, einmal wirklich nichts zu tun. Das hört sich jetzt vielleicht albern an. Aber das Nichtstun, das Loslassen von störenden Gedanken ist ein Grundschlüssel zur Kon-

zentration. Je mehr es dir gelingt, dich während des Lernens nicht von anderen Gedanken abbringen zu lassen, desto besser kannst du dich auf die eigentliche Arbeit des Lernens einlassen! – Ich will dir das an einem kleinen Beispiel demonstrieren. Versuche doch bitte jetzt, eine Minute (was ist schon eine lächerliche Minute?) an nichts, aber auch wirklich an gar nichts zu denken!

Fertig? Hättest du es für möglich gehalten, daß das Nichtsdenken so anstrengend sein kann? Da sollen wir doch sonst immer an alles und jedes denken. Und dann haben wir plötzlich auch noch mit dem Gegenteil unsere Schwierigkeiten. Aber ich muß dir an dieser Stelle ein kleines Zugeständnis machen. Die Aufgabe, wirklich einmal an nichts zu denken, ist im Grunde genommen gar nicht machbar. Für keinen. Weder für deine Lehrer, noch für deine Eltern, noch für dich. Ich hoffe, du verzeihst mir, daß ich dich nicht schon vorher aufgeklärt habe.

Wir denken immer an irgend etwas. Wir können gar nicht anders. Es ist daher wichtig, daß wir nicht zu viele verschiedene Gedanken auf einmal im Kopf haben (Tue, was du tust!). Jede Aufmerksamkeit, die wir bei den Hausaufgaben oder während einer Klassenarbeit für andere Dinge aufbringen, geht uns bei der eigentlichen Arbeit verloren. Wenn ich bei einer Latein-Übersetzung durchgehend an ein wichtiges Gespräch denken muß, wird sich das ganz automatisch schlecht auf meine Leistung auswirken. Da ich nur mit halber Aufmerksamkeit arbeite, benötige ich wesentlich mehr Zeit.

In solchen Fällen hat sich bei mir schon sehr oft die »Problem-Box« bewährt. Die »Problem-Box« ist ein kleiner Pappkarton, der mitten auf meinem Schreibtisch steht. Gedanken, die mich während der Arbeit ablenken, schreibe ich auf einen kleinen Zettel, der dann in meine »Problem-Box« wandert. Da ich weiß, daß ich sie nun nicht mehr vergessen kann, sind sie dort gut aufgehoben, und ich kann mich wieder ganz auf die Hausaufgaben konzentrieren.

Lieber Probleme in der Box als im Kopf!

Motivation und Konzentration

Neben einer solchen »Problem-Box« ist es aber auch wichtig, daß du durch ständiges Üben deine Konzentrationsfähigkeit steigerst.

Du findest Konzentrationsaufgaben in vielen Illustrierten oder Fernsehzeitschriften. Wenn du in solchen Aufgaben noch ungeübt bist, ist es zu Beginn sicher nicht einfach. Laß dich davon nicht abschrecken! Jeder muß langsam anfangen. Wichtig ist nur, daß du nicht sofort wieder aufgibst, sondern am Ball bleibst. Das ist das Problem mancher Erwachsenen. Wenn sie sich bei solchen Denkaufgaben schwer tun, hören sie sehr schnell auf. Nach dem Motto: »So etwas kann ich nicht, das konnte ich noch nie!«. Das ist eigentlich schade. Denn so werden sie nie die Chance haben, irgendwann einmal Übung darin zu bekommen. Wie immer muß man am Anfang ein bißchen Geduld aufbringen, aber wenn du konsequent arbeitest, wirst du bald die ersten Fortschritte bei dir feststellen können.

Bevor ich dir aber weiter ein Ohr ablalle, sollst du es selbst ausprobieren. Auf den nächsten Seiten findest du eine Auswahl von Konzentrationsaufgaben. Du kannst sie entweder jetzt lösen oder als Einstieg für deine Hausaufgaben verwenden. Ich wünsche dir von meiner Seite aus viel Erfolg dabei. Aufkleber am Ende der Übungen nicht vergessen! Bis zum nächsten Mal, ciao.

Übungen

Einfach tierisch!

Im folgenden Text werden 17 Tiere genannt, jedoch sind sie sehr gut versteckt. Versuche nun, innerhalb von drei Minuten möglichst viele der 17 Tiere zu entdecken! Die ersten drei Tiere sind als Beispiel fett gedruckt.

K**laus** war sicher kein Str**eber**, wenn er vom ersten Schultag **g an s**eine Hausaufgaben erledigte. Da es ihm auch empfohlen wurde, d.h. er kam selbst darauf – überprüfte er nun, ob sein Tisch und Stuhl in richtiger Lage zum Licht standen. Er kontrollierte auch den Einfallswinkel des elektrischen Lichtes. Dann bastelte er ein Bücherbord aus Ziegelsteinen, nahm aus der Schublade einige Bilder, um die Wände zu schmücken. Vorsorglich hatte er ein Pop-Plakat ergattert.

Dann wollte er sich aufraffen und ein Experiment machen: einen Aufsatz über einen Zoo schreiben, ohne die raren Tiere zu erwähnen. Er kam elfmal ins Stocken, aber dann hatte er es geschafft!

Die Lösungen für alle Übungen findest du auf Seite 106. Versuche es aber erst selbst!

Motivation und Konzentration

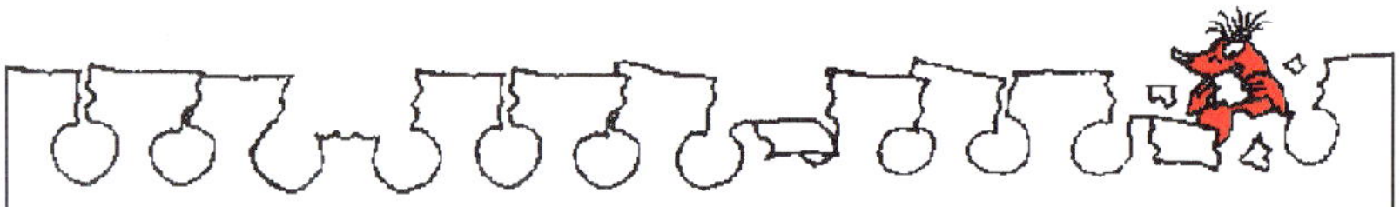

Vertauschte Vokale

In jedem Wort dieser Konzentrationsübung sind die Vokale vertauscht worden, so daß die Wörter keinen Sinn mehr ergeben. Beispiel: Aus dem Wort »Zufall« wird»Zafull«. Errätst du die anderen? Schreibe sie auf die Linien!

Gernrallo	________	Kahschwunz	________
Mulbach	________	Termsputzi	________
Ruttirberg	________	Hemmil	________
Termfulka	________	Termsputzi	________
Wellfodan	________	Wessorlach	________
Blanddirm	________	Naßknucker	________
Bintstuft	________	Fugir	________
Bichfunk	________	Bandfiden	________
Bohnhaf	________	Meska	________
Gaftschlengi	________	Motresa	________
Kemanfiger	________	Tenbondspalu	________
Kaligromm	________	Epfulstradel	________
Wossarfresch	________	Nevomber	________
Karzenflemme	________	Runderzinge	________
Sturnschneppe	________	Misekunstrimunt	________
Blomunkehl	________	Wontirmanet	________
Zerkispfurd	________	Kenanchin	________
Fangernigel	________	Fetterkruppi	________
Zeckur	________	Fungirhet	________
Bassurd	________	Farmi	________
Sanntog	________	Pulitor	________
Valkun	________	Wihnsann	________
Satzplitz	________	Malchzihn	________
Hasentosche	________	Ehrenschmorzen	________

Waldbich	________	Kertaffilkoste
Deppulponkt	________	Toppechklipfer
Cimpang	________	Lampensemmlur
Tuschantech	________	Scholfrihr

Vertauschte Buchstaben

Hier stimmt gar nichts mehr. Durch Ordnen der Buchstaben erhältst du jeweils ein Wort, das du bitte in die Zeile dahinter schreibst. Fünf Wörter bilden immer eine Gruppe, aber jedes Mal hat sich ein Wort eingeschlichen, das nicht dazu paßt.

UAMS:	________	ESIN:		RKUT	________
HEAS:		TCAH:		BMUA:	________
LGIE:	________	ZHLA:		NGIE:	________
NEET:	________	WZIE:		RLOF:	________
HUAS:	________	RVEI:		NAHS:	________
LREE:	________	EEBL:		LHUST:	________
BEEI:	________	DOER:		ICHST:	________
UMEL:	________	RIAS:		AGREL:	________
DAWL:	________	BRGE:		SEONN:	________
EEPS:	________	HURR:		ELAPM:	________

Wenn du noch mehr über Konzentrieren erfahren willst, kann ich dir das Buch »Konzentration« von Alfred Thieme, einem guten Freund von mir, empfehlen, das in der gleichen Buchreihe erschienen ist. Dort findest du unter anderem auch Methoden, mit denen du das Entspannen lernen kannst.

A

6. Klassenarbeit

6.1 Klassenarbeit, eine klasse Arbeit?

»Vorhin wußte ich doch noch ganz genau, wie das geht, und jetzt kann ich mich an nichts mehr erinnern. Ich kann doch unmöglich schon alles wieder vergessen haben. Wofür lerne ich denn überhaupt, wenn mir in der Arbeit nichts mehr einfällt?«

Wer kennt das nicht: Da hat man sich den ganzen Vortag auf eine Klassenarbeit vorbereitet, da hat man wirklich das Gefühl gehabt, im großen und ganzen alles einigermaßen verstanden zu haben, und dann fällt einem in der Klassenarbeit nichts mehr ein. Gerade vor ein paar Minuten war einem noch alles klar, und nun, wo es darauf ankommt, kann man sich höchstens noch an Bruchstücke erinnern. Man hat einen sogenannten »Blackout« oder auch das berühmte »Brett vor dem Kopf«. Aber was kann man dagegen tun? Soll man sich damit abfinden, daß man sich durch solche Aussetzer immer unter Wert verkauft?

Wenn man in einer Klassenarbeit zu sehr in Streß gerät (und wem passiert das nicht), kann es leicht zu solchen Aussetzern kommen. Und als wollten sie uns ärgern, sind sie dann nach der entscheidenden Stunde oft wieder verschwunden. Dann, wenn alles gelaufen ist, fallen uns die ganzen Sachen wieder ein, nach denen wir ein paar Minuten vorher noch so verzweifelt gesucht hatten.

Um so etwas zu vermeiden, ist es wichtig, daß man sich optimal auf eine Arbeit vorbereitet. Wenn wir schon lernen, soll es sich auch irgendwo in der Note niederschlagen.

Klassenarbeit

Bei einer guten Vorbereitung auf eine Klassenarbeit darfst du nicht nach der einfachen Formel: *je mehr, desto besser* vorgehen. Was wir statt dessen alles unternehmen können, wirst du auf den folgenden Seiten erfahren.

6.2 No Panic on the Titanic!

Wie versprochen, soll es jetzt um die Klassenarbeit gehen. Ich möchte dazu ein wenig ausholen und dich fragen: Hast du schon einmal gesehen, wie ein Tier – ein Hund oder eine Katze zum Beispiel – reagiert, wenn wir es in eine Ecke drängen? Richtig, es sträuben sich ihm die Haare, was ein Ausdruck dafür ist, daß das Tier Angst hat. Die würden wir an seiner Stelle sicher auch bekommen. Aber was macht es dann? Anschließend wird das Tier entweder die Flucht ergreifen, oder es wird versuchen anzugreifen, selbst wenn es viel kleiner und schwächer als sein Gegenüber ist. Aus diesem Grund sollte man sich hüten, selbst so kleine Tiere wie eine Katze aus Versehen in eine Ecke zu drängen. Diese Reaktion ist eine Schutzfunktion der Tiere. Das übliche Denken setzt in solchen Situationen aus.

Wir Menschen reagieren in gefährlichen Situationen ähnlich. Für unsere Vorfahren war dieses Verhalten überlebenswichtig. Wenn sie zum Beispiel von einem Säbelzahntiger angegriffen wurden, durften sie nicht erst lange überlegen, was zu unternehmen sei, sondern mußten handeln. Denken ist in einer solchen Lage nicht angebracht. Nur eine schnelle Reaktion – Angriff oder Flucht – konnte unseren Vorfahren das Überleben sichern. Auch heute können wir bei uns noch solche Verhaltensmuster erkennen. Wenn Menschen große Angst haben, handeln sie oft unüberlegt. Im Extremfall sagt man, daß sie in Panik geraten. Im Gehirn schiebt sich dann eine Art Film (Adrenalin) zwischen die einzelnen Gehirnzellen, so daß wir nicht mehr so gut nachdenken können.

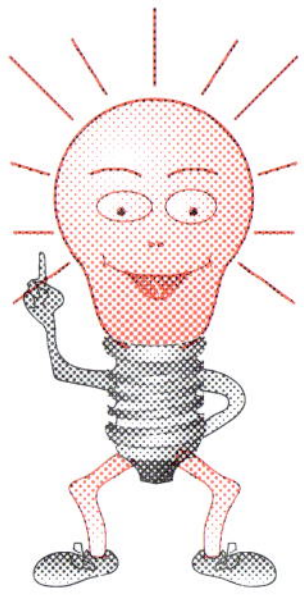

Klassenarbeit

So wichtig diese Schutzfunktionen für unsere Vorfahren waren, so unangenehm können sie sich in einer Arbeit bemerkbar machen. Denn auch da kann ich in eine Art Panik geraten, selbst wenn es hier nicht um Leben und Tod geht. Allerdings können wir dann leider nicht mehr nach dem alten Muster handeln. Oder soll ich bei jeder Arbeit, bei der ich in Streß gerate, aus dem Klassenzimmer stürmen und die Flucht ergreifen? Genauso kann ich dem Lehrer ja schlecht bei jeder Arbeit eine vor die Nase hauen, oder? Das wäre auf Dauer keine gute Lösung.

In so einer Angstsituation kann es leicht passieren, daß mir viele Dinge, die ich eigentlich weiß, nicht mehr einfallen. Es liegt mir zwar »auf der Zunge«, aber das hilft halt nichts, solange ich nicht darankomme. Erst wenn die Arbeit vorbei ist, wenn man nichts mehr gewinnen und nichts mehr verlieren kann, wenn sich die Anspannung gelöst hat und die Prüfungsangst verschwunden ist, erst dann fallen mir die gesuchten Sachen wieder ein. Dann ist es aber in aller Regel zu spät. – Es nützt mir nichts mehr.

Wie kann ich diesem Problem begegnen? Oder soll ich mich mit der Tatsache abfinden? Sicher nicht! Ich sollte statt dessen versuchen, die Situation, die mich in diese Panik versetzt, zu entschärfen.

Dazu würde mich interessieren, warum manche Klassenarbeiten für dich so wichtig sind. Schreibe doch einmal auf, weshalb eine gute Note in einer Arbeit für deine Zukunft von Bedeutung ist:

Klassenarbeit

Und? Welche Bedeutung hat also eine Arbeit für dich? Nicht, daß du mich falsch verstehst, ich will deine Angst vor Arbeiten nicht unterschätzen oder ins Lächerliche ziehen. Ich glaube dir, daß du gelegentlich vor Arbeiten großen Respekt hast. Das einzige, was ich will, ist, daß du lernst, mit diesem Respekt umzugehen. Daß du lernst, ihn einzuschätzen und mit ihm zu leben.

In diesem Zusammenhang habe ich einen sehr schönen Spruch von dem deutschen Dichter Novalis gefunden, der genau dieses zum Ausdruck bringt:

Siehst du einen Riesen,
so achte auf den Stand der Sonne,
ob es nicht der Schatten
eines Zwerges ist.

Auch schon einmal vor einem »Schatten« erschrocken, der sich beim näheren Hinsehen als eher harmlos erwiesen hat?

Eine Ursache für die Klassenarbeitsangst liegt mit Sicherheit in der ungewohnten Situation, die eine Arbeit darstellt. Der Klassenraum, in dem sonst der Unterricht stattfindet, in dem du lernst und vielleicht auch manchen Unsinn machst (wäre ja sonst auch langweilig), ist während einer Arbeit plötzlich vollkommen ruhig. Du darfst dich nicht mehr mit deinen Mitschülern unterhalten. Ja, du darfst noch nicht einmal Fragen zum Thema stellen. Alles ist leise und versucht zu arbeiten. Da ist es doch ganz klar, daß uns diese ungewohnte Situation durcheinanderbringen kann.

Weil diese Situation so ungewöhnlich ist, sollte ich versuchen, mich auf sie einzustellen, indem ich sie einfach zu Hause einmal durchspiele.

Klassenarbeit

Frage deinen Lehrer vor der nächsten Arbeit, ob er dir eine Probearbeit gibt. Viele Lehrer sind froh, wenn Schüler auf diese Weise auf sie zukommen. Sie sehen, daß der Schüler Interesse am Stoff hat. Manchmal erhältst du auch Arbeiten aus den letzten Jahren von älteren Schülern. Diese kannst du als Probearbeit verwenden. Letztere bieten sich sogar im besonderen Maße an, da viele Lehrer die Aufgaben kaum ändern. Oft sind die Aufgabenstellungen ähnlich. So kannst du dich an die Stimmung bei einer Arbeit gewöhnen. Wenn du keine Probearbeit bekommst, kannst du dir eine selbst erstellen. Schaue dir dein Heft an und überlege, was der Lehrer alles in einer Arbeit fragen könnte! Dabei ist bereits das Erstellen der Probearbeit eine gute Vorbereitung auf die eigentliche Klassenarbeit.

Suche dir nun einen ruhigen Platz (wenn möglich nicht deinen gewöhnlichen Arbeitsplatz), an dem du die nächste Zeit ungestört bist. Stelle auf einem Wecker die Zeit ein, die du für die Arbeit zur Verfügung hast. Versuche, dir die Situation einer Klassenarbeit ganz genau vorzustellen. Wer sitzt vor dir, wer neben dir? Was macht der Lehrer? Geht er herum oder sitzt er vielleicht zeitunglesend an seinem Pult? Wenn du dich so auf die Klassenarbeit eingestellt hast, kann es losgehen. Versuche dich genau so zu verhalten, wie später in der Arbeit. Unterbreche demnach nicht deine Arbeit nach fünf Minuten, um dir ein Butterbrot zu schmieren oder ein Comic zu lesen. Auch solltest du nicht deine Eltern oder Geschwister nach einer Lösung fragen. Das kannst du später in der richtigen Arbeit auch nicht. Du mußt lernen, alleine zu arbeiten! Wenn der Wecker klingelt, ist für dich die Arbeit vorbei. Dann solltest du nicht mehr weiterschreiben. Auch wenn du nicht ganz fertig geworden bist. Du kannst die Arbeit ein anderes Mal zu Ende schreiben. Jetzt ist erst einmal Schluß. Nur wenn du dich genau an die Zeit hältst, kannst du dir das richtige Zeitgefühl für eine Arbeit angewöhnen. Ferner hast du gelernt, unter Zeitdruck zu arbeiten. Die beschränkte Zeit kann dich nicht mehr durcheinander bringen. Weil du die Situation schon kennst, hast du sozusagen ein »Heimspiel«. Genau wie die Sportler, kannst du bei diesem Heimspiel mehr leisten, als wenn du vollkommen ungeübt in das »Spiel« gehst.

Tip

Ich versuche, aus meiner Arbeit ein Heimspiel zu machen!

Für deine nächste Arbeit wünsche ich dir nun ein tolles und erfolgreiches »Heimspiel«. Und wieder heißt es zum Schluß: Aufkleber ins A-Feld, Buch zu und tschüs!

6.3 Vorbereitet auf die Vorbereitung?

Wann sollte man mit der Vorbereitung auf eine Klassenarbeit am geschicktesten beginnen? Das ist eine ziemlich schwere Frage. Zum einen könnte man meinen, daß man erst kurz vor der Arbeit mit dem Lernen beginnen sollte. Denn dann hätte man nicht mehr so viel Zeit, das gerade Gelernte zu vergessen. Auf der anderen Seite behaupten doch so viele Lehrer, daß man frühzeitig mit dem Lernen anfangen soll. Was stimmt denn nun? Wie kann ich mir mit wenig Aufwand möglichst viel für eine Arbeit einprägen, um so eine optimale Note zu erzielen?

Um diese ja nun nicht ganz unwichtige Frage zu beantworten, muß ich wieder ein wenig ausholen. Als wir uns mit den Hausaufgaben beschäftigten, haben wir festgestellt, daß wir am Anfang einer Lernperiode nicht so viel leisten können. Wir müssen uns mit etwas Leichtem erst einmal »warmlernen«. Nach dieser Aufwärmphase erreichen wir eine Art Leistungshochpunkt. Das heißt, in dieser Phase können wir viel leisten. Wir können dann dementsprechend schwere Aufgaben bewältigen. Was passiert aber, wenn wir immer weiter lernen würden?

Stell dir vor, du würdest – nur so als Idee – fünf Stunden am Stück lernen. Am Anfang könntest du dich vielleicht noch mit gezielt ein-

gesetzten Pausen fit halten. Aber je länger die Arbeitszeit wird, desto uneffektiver arbeitest du. Das kann im Extremfall sogar so weit führen, daß du nur noch am Schreibtisch sitzt, um dort zu sitzen. Dein schlechtes Gewissen und die vermeintliche Verpflichtung, noch mehr zu tun, hält dich am Schreibtisch und zwingt dich, weiter in die Bücher zu schauen. Doch obwohl du dort sitzt und liest, kannst du nichts mehr aufnehmen. Die Informationen werden zwar noch mit deinem Auge aufgenommen, aber dein Gehirn hat keine Kraft mehr, diese auch zu verarbeiten.

Wenn du diesen Moment des »Überlernens« erreicht hast, ist jedes Weiterlernen reine Zeitverschwendung. Der Körper ist einfach nicht mehr auf Aufnahme eingestellt. Er hat bereits dicht gemacht.

Nur zu lernen, um dein schlechtes Gewissen zu beruhigen, ist unsinnig. So schwer das ist, diese Tatsache mußt du einsehen, auch wenn du noch so viel zu lernen hast. Du solltest statt dessen lieber die Zeiten, in denen du besonders gut lernen kannst, voll ausnutzen. Da man diese Phasen nicht beliebig ausdehnen kann, ist es wichtig, nie zuviel auf einmal zu lernen (Das hatten wir doch schon einmal, oder?). Damit du aber trotzdem noch genügend Lernstoff aufnehmen kannst, ist es für dich wichtig, entsprechend früh mit der Vorbereitung zu beginnen. So kannst du es dir leisten, an jedem Tag nur eine kleine Portion des Stoffes zu lernen. Auf diese Weise schöpfst du deine Leistunghochs optimal aus und sparst somit viel Zeit und Energie.

Das frühzeitige Beginnen mit der Vorbereitung hat aber noch einen weiteren Vorteil. Wenn du rechtzeitig mit dem Lernen anfängst, brauchst du am Vortag der Klassenarbeit keinen neuen Stoff mehr zu lernen. Da sich an diesem Tag in aller Regel schon eine leichte Nervosität einstellt, bietet es sich an, nur das Vorhergelernte zu wiederholen. Damit ist es aber auch schon genug. Denn hier gilt wieder: Nicht zuviel! Unternehme an diesem Tag lieber irgend etwas, das mit der Arbeit überhaupt nicht zusammenhängt. Versuche, dich auf andere Gedanken zu bringen!

Klassenarbeit

Damit du diese Vorsätze für die nächste Klassenarbeit nicht vergißt, habe ich eine Faustregel für dich. Für jeden Finger deiner Hand habe ich einen Vorsatz gefunden (so weißt du, daß du keinen vergißt):

Meine Faustregel für die Klassenarbeitsvorbereitung

Daumen:	***Beginne rechtzeitig mit der Vorbereitung, sonst erzeugst du von Anfang an Streß, den du mit in die Arbeit nimmst.***
Zeigefinger:	***Erstelle dir einen Plan für deine Vorbereitungen und konzentriere dich auf das Wesentliche.***
Mittelfinger:	***Denke an gute Pausen, in denen du ganz andere Dinge tust, und sage dir vorher: »Ich bereite mich gut vor, Pausen und andere Tätigkeiten sind wichtig.«***
Ringfinger:	***Nur bei einer gut geplanten Vorbereitung stellt sich das Gefühl der Sicherheit ein, das du am Tag vor der Arbeit dringend brauchst.***
Kleiner Finger:	***Höre rechtzeitig vor der Arbeit mit dem Lernen auf!***

Wenn du bei der nächsten Vorbereitung auf eine Klassenarbeit diese Faustregel berücksichtigst, wirst du dir sicher einigen Streß ersparen können.

Damit soll es für heute aber wieder einmal genug sein. Nächstes Mal werden wir uns mit einem ganz heiklen Gebiet der Klassenarbeitsvorbereitung beschäftigen: Dem guten alten Spicker. Mehr wird aber heute noch nicht verraten. Wir sehen uns dann wieder. Denk' noch an den Aufkleber – tschüs!

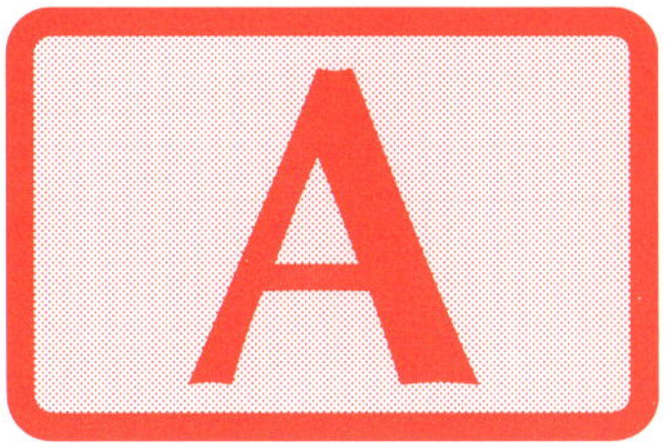

Klassenarbeit

6.4 Spickzettel für Profis

Aha, da bist du ja wieder. Hat die Ankündigung, daß heute die hohe Kunst des ausgefeilten Spickzettels auf dem Programm steht, dein Interesse geweckt? Gut, dann bist du hier genau richtig! Sicher hast du schon deine mehr oder weniger guten Erfahrungen mit einem Spickzettel gemacht. Das hat so gut wie jeder. Auch deine Eltern und Lehrer werden kaum ihre Schulzeit beendet haben, ohne in irgendeiner Weise in Kontakt mit einem Spicker geraten zu sein. Wenn der Spickzettel nun aber in der Schule eine so große Rolle spielt, solltest du dir über ihn ein paar Gedanken machen, selbst wenn du ein absoluter Gegner der ganzen Geschichte bist. Auch dann könntest du in diesem Abschnitt noch etwas lernen.

Wie muß ein professioneller Spickzettel aussehen, der allen meinen Anforderungen genügt? Laß mich mal überlegen. Damit er in der Arbeit wirklich eine Hilfe darstellt, muß er zunächst einmal klein und kompakt sein, so daß ich ihn gut verstecken kann. Aber ich denke, da verrate ich dir nichts Neues. Ferner sollte der Spicker eine wohlüberlegte Gliederung besitzen. Ich muß während einer Arbeit in der Lage sein, in einem günstigen Moment schnell die entscheidenden Informationen vom Spicker ablesen zu können. Wenn ich erst ewig suchen muß, kann es gefährlich werden. Übersicht ist Trumpf!

Weiterhin mußt du dich bei der Anfertigung auf das Wesentliche beschränken. Wenn du alles und jedes auf den Spickzettel schreiben willst, kannst du trotz noch so ausgetüftelter Gliederung keine erforderliche Übersicht gewinnen. Unwichtige Nebensächlichkeiten haben auf einem Spickzettel nichts verloren. Sie werden dich in der Arbeit nur verwirren. Deshalb: Auf den Spickzettel gehört nur das Wichtigste!

Wenn du diese beiden Grundregeln des Spickzettelbaus berücksichtigst, kann nicht mehr viel daneben gehen. Jetzt aber zur Tat. Für die Anfertigung eines Spickers solltest du dir genügend Zeit

nehmen. Ein unüberlegt angefertigter Spickzettel kann dir unter Umständen mehr schaden als helfen. Dann lieber überhaupt keinen. Bei mir hat sich für den Bau folgende Methode bewährt:

Zuerst nehme ich mir ein großes Blatt (DIN A4 oder größer), auf das ich alle Informationen schreibe, die ich in der Arbeit gerne dabei hätte. Es wird auf nichts verzichtet. Das Blatt muß halt dementsprechend groß sein. Allerdings achte ich bereits in diesem Schritt auf eine übersichtliche Gliederung.

Dieser Spicker ist natürlich für den eigentlichen Einsatz in einer Arbeit viel zu groß und damit unbrauchbar. Das ist aber nicht weiter schlimm, denn im nächsten Schritt übertrage ich die Informationen von meinem übergroßen Spicker auf einen Zettel der halben Größe. Das geschieht aber nicht durch eine kleinere Schrift. Nein, ich versuche, nur das Wichtigste herauszuschreiben. Unwichtiges fällt in diesem Schritt heraus. Ich muß deshalb ganz genau überlegen, auf was ich verzichten kann. Wie im ersten Schritt ist auch hier wieder eine gute Gliederung ein Muß.

Jetzt ist dir das weitere Vorgehen sicher schon klar, oder? In gleicher Weise fährst du fort. Du überträgst die Informationen auf einen immer kleineren Zettel, bis du einen Spicker in der handelsüblichen Größe, die etwa einer Karteikarte, in den Händen hältst. Dabei mußt du in jedem Schritt das weniger Wichtige heraussieben und immer auf eine übersichtliche Gliederung achten.

Und jetzt kommt etwas ganz Verrücktes. Wenn du dich genau an diese Anleitung hältst, wirst du am Schluß wahrscheinlich eine ziemliche Überraschung erleben. Denn jetzt, wo du so viel Mühe aufgebracht hast, einen ordentlichen und sinnvollen Spicker anzufertigen, wo du dich so lange damit beschäftigt hast, wirst du vermutlich folgende Feststellung machen: Hoppla, jetzt brauche ich ihn ja gar nicht mehr! Jetzt weiß ich alles. Das ist doch wirklich unglaublich. Da habe ich endlich einen einsatzbereiten und ausgefeilten Spicker angefertigt, und dann brauche ich ihn eigentlich gar nicht mehr. Ist ja schon fast ärgerlich!

Klassenarbeit

Aber so verwunderlich, wie es im ersten Moment erscheint, ist das auch wieder nicht. Denn du hast bei der Konstruktion deines Spickzettels ganz automatisch zwei wichtige Regeln des Lernens beachtet. Zum einen hast du dich ja ohne Zweifel intensiv mit dem Lernstoff auseinandergesetzt. Zum anderen warst du schlichtweg gezwungen, dich auf das Wesentliche zu beschränken. Das ist eine der wichtigsten Merkregeln beim Lernen. Wenn du versuchst, immer alles zu behalten, wenn du dich geradezu an alles klammerst, wenn du nicht bereit bist, hier und dort Lücken zuzulassen, wird das Lernen für dich immer Streß bedeuten. Auch wenn es schwerfällt, du kannst nicht immer alles lernen! Das kann niemand. Es geht vielmehr darum, daß du deine Energie und Zeit auf das Wichtigste beschränkst. Nur so kannst du das Wissen wirklich behalten und hast es dann auch in der Arbeit zur Verfügung. Wenn du die wichtigen Informationen sicher abgespeichert hast, fallen dir in aller Regel sogar noch die unwichtigeren Sachen ein, die du beim Übertragen auf die kleineren Spickzettel herausgesiebt hattest.

Lerne nur das Wichtigste! Mut zur Lücke!

Noch ein Wort zum Schluß. Nimm den Spickzettel doch trotzdem mit in die Arbeit. Vielleicht an einem Ort, an dem du nicht unbedingt in Versuchung kommst, ihn einzusetzen, denn das könnte dich unter Umständen mehr verunsichern als dir helfen. Ein guter Ort wäre zum Beispiel im Socken unter deiner Fußsohle. Das hört sich jetzt sicher wieder überflüssig und unnütz an, aber zu wissen, daß zum Beispiel eine bestimmte mathematische Formel an der kleinen rechten Zehe zu finden ist, kann durchaus eine Hilfe sein. Du verwendest sozusagen den Ort (die kleine Zehe) als Abrufsignal.

Ich hoffe, es ist mir gelungen, den guten alten Spickzettel einmal von einer anderen Seite zu beleuchten. Bei mir hat er seinen ganz festen Platz in der Prüfungsvorbereitung gefunden. Gelegentlich trage ich ihn sogar schon Tage vorher mit mir herum. So kann ich mich richtig an ihn gewöhnen.

Dir wünsche ich auf jeden Fall viel Erfolg mit dem Spickzettel. Wenn du willst, sehen wir uns demnächst wieder. Dann werde ich dir einmal ordentlich auf den Zahn fühlen. Richtig gelesen, nächstes Mal werden wir knallhart eine Prüfung schreiben. Vorsicht, ich spaße nicht!

Hoffentlich hast du dich durch diese kleine Bemerkung nicht abschrecken lassen. Bis dahin wünsche ich dir alles Gute, und tschüs.

6.5 Streß laß nach!

So, da wären wir also. Ich hoffe, du hast dich warm angezogen. Heute weht nämlich ein anderer Wind! Ganz schön tapfer von dir, daß du dich nicht durch die Ankündigung, einen Test zu schreiben, hast abschrecken lassen. Wenn ich ehrlich bin, habe ich sogar zwei Prüfungen mit dir vor… Aber nun eins nach dem anderen.

Klassenarbeit

Übung

Nachfolgend findest du einen Kreis mit vielen Zahlen, die wiederum in Kreisen stehen. Deine Aufgabe soll es sein, innerhalb einer Minute so viele Zahlen wie möglich, beginnend mit der 1, der Reihenfolge nach zu finden (noch nicht anfangen). Dabei darfst du auf keinen Fall eine Zahl auslassen und hoffen, daß du sie später noch findest. – Es sind wirklich alle Zahlen von 1 bis 40 vorhanden.

Ach ja, noch etwas, du solltest vielleicht wissen, daß die meisten in dieser Zeit etwa bis 20 kommen. Aber das nur so für dich als kleine Orientierungshilfe. Jetzt bin ich erst einmal gespannt, was du so auf dem Kasten hast! Ist die Aufgabe klar? Hast du einen Wecker oder jemanden, der dir die Minute stoppen kann? Gut, dann kann es ja losgehen. Hier sind die Zahlen:

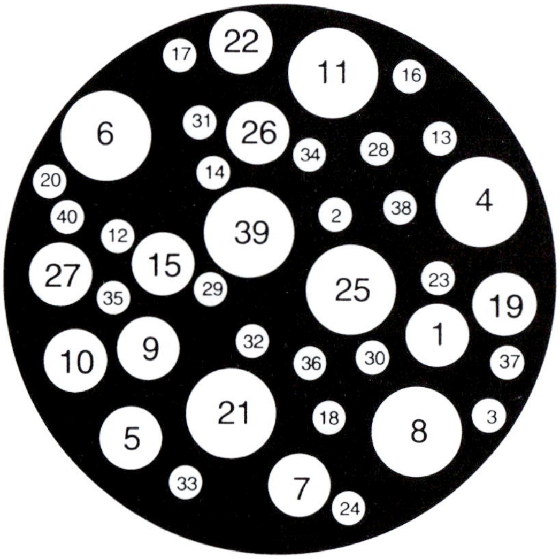

Klassenarbeit

Hey, die Minute ging aber schnell vorbei, was? Ging es dir auch so wie mir? Als ich das erste Mal so einen Test gemacht habe, hatte ich große Schwierigkeiten, die Aufgabe nach der Minute abzubrechen (Hand aufs Herz, hast du nach der Minute abgebrochen?).Während dieser 60 Sekunden habe ich mich so unter Druck gesetzt, daß ich zum Teil noch nicht mal die großen Zahlen gefunden habe. Ich war für diese Zahlen regelrecht »blind«. Warum geraten wir aber so schnell in Streß. Im Grunde genommen gab es doch gar keinen Grund. Ich hatte dir doch in keinster Weise einen Preis versprochen, wenn du es bis 40 schaffen würdest. Ich habe auf der anderen Seite auch keine Strafe angedroht, wenn du nicht mehr als 10 Zahlen finden solltest. Es gab nichts zu verlieren und nichts zu gewinnen. Trotzdem haben wir »wie die Beknackten« an dieser Aufgabe gearbeitet.

Wenn wir uns zu sehr unter Druck setzen, werden wir sehr leicht nervös. Eine gewisse Anspannung während eines Tests ist normal und kann unsere Leistung sogar steigern. Erst wenn die Anspannung zur Verkrampfung wird, laufen wir Gefahr, uns unter Wert zu verkaufen. Und das wollen wir doch gerade vermeiden. Aus diesem Grund solltest du dir immer wieder vor Augen halten, was eine Arbeit eigentlich für dich bedeutet. Eine versiebte Arbeit ist kein Weltuntergang. Eine gute Arbeit ist schön, aber es gibt noch viel Wichtigeres für dich!

Damit ich während einer Arbeit nicht in allzu große Panik gerate, schnalle ich mich vorher immer an. Und zwar mit meinem 9-Punkte-Sicherheitsgurt. Wie bitte, du kennst ihn nicht? Dann wird es aber Zeit, daß du Bekanntschaft mit ihm schließt. Er hat mich schon vor so mancher Verletzung bewahrt. Hier ist er:

Klassenarbeit

Der 9-Punkte-Sicherheitsgurt

1. *Wenn du in eine Klassenarbeit gehst, ziehe dir deine Lieblingsklamotten an.*
2. *Sage dir auf dem Weg zur Klassenarbeit in Gedanken, daß du dich gut vorbereitet hast. Führe dir bewußt vor Augen, was du kannst.*
3. *Laß dich nicht kurz vor der Arbeit von einigen Kandidaten verrückt machen, die glauben, dir unbedingt aufzählen zu müssen, was sie alles gelernt und vorbereitet haben.*
4. *Gehe stets mit dem Gefühl in die Arbeit: »Auch wenn ich nicht alles weiß, so weiß ich doch, daß ich eine Menge weiß! Daß ausschließlich Stoff darankommt, von dem ich überhaupt nichts weiß, ist ziemlich ausgeschlossen«.*
5. *Lies dir die Aufgabenstellung erst einmal ruhig von vorne bis hinten durch und gerate nicht gleich in Panik, wenn du Schwachstellen von dir entdeckst. Oft klärt sich die Lage erst, wenn du den ganzen Überblick hast.*
6. *Nutze zu Beginn der Arbeit unbedingt die Gelegenheit, Fragen zu stellen. Während der Arbeit überlege immer: Was ist gefragt?*
7. *Beginne immer mit dem, was du am besten kannst.*
8. *Lege ruhig ab und zu den Schreibstift aus der Hand und mache eine kurze einminütige Pause. Gerade bei hoher Anspannung sind Minipausen unerläßlich.*
9. *Wenn du eine Frage nicht beantworten kannst, gehe zur nächsten. Hab' Mut zur Lücke!*

Und für alle, denen das noch nicht reicht:

Keine Klassenarbeit rechtfertigt das Risiko eines Herzinfarkts!

Klassenarbeit

Überlege dir doch einmal drei Punkte, die du auf jeden Fall während deiner nächsten Klassenarbeit umsetzen willst, und unterstreiche sie mit einem Buntstift.

Noch fit? Wenn ja, dann hätte ich auf der nächsten Seite noch einen zweiten Test für dich vorbereitet (noch nicht anfangen!). Dabei kommt es wieder auf die Zeit an. Diesmal hast du genau drei Minuten zur Verfügung! Versuche dich jetzt mit dem Sicherheitsgurt – sozusagen als Übung – anzuschnallen! Vielleicht schreibst du die Prüfung mit einem Bleistift. Dann hast du später die Möglichkeit, andere (beispielsweise deine Lehrer oder Eltern) zu prüfen.

Übung

So, bist du bereit? Wecker auf drei Minuten gestellt? Dann kann es losgehen.

Klassenarbeit

Übungen

Die Zeit ist auf **3 Minuten** begrenzt!

1. Lies alles durch, bevor du etwas tust.
2. Schreibe schnell deinen Vor- und Nachnamen rechts oben auf die Test-Seite!
3. Kreise im vorigen Satz das Wort »schnell« ein.
4. Zeichne 5 kleine Vierecke in die linke Hälfte dieser Seite.
5. Zeichne ein * in jedes dieser Vierecke.
6. Addiere alle auf dieser Seite vorkommenden Zahlen. Notiere das Ergebnis: ____________
7. Rechne im Kopf:
   $7 \cdot 8 + 7 \cdot 6 =$ ____________
8. Schreibe das Ergebnis aus Aufgabe 7 als Zahlenwort.
   ____
9. Addiere die Lösung der Aufgaben 6 und 7. Notiere das Ergebnis: ____________
10. Und nun, nachdem du alle Anweisungen sorgfältig durchgelesen hast, tue nur das, was in der Anweisung zwei steht! (Sollte dir diese Anweisung unverständlich sein, lies Anweisung eins oder den fünften Punkt des Sicherheitsgurtes sorgfältig durch!)

Klassenarbeit

Ich gebe zu, daß der Test nicht ganz fair war. Fast jeder, der diesen Test zum ersten Mal bearbeitet, fängt sofort mit der Arbeit an, ohne sich vorher einen Überblick zu verschaffen. Vermutlich ist es dir genauso ergangen. Da hilft es auch nicht, wenn man vorher extra darauf hingewiesen wurde, gerade dieses nicht zu tun. Eben noch gefaßte Vorsätze werden kurzerhand über Bord geworfen. Merke: Es erfordert einige Übung und auch Überwindung, nicht sofort anzufangen, sondern sich erst einmal Klarheit über die gestellten Aufgaben zu verschaffen.

Das genaue Durchlesen und Einteilen der Aufgaben, was in aller Regel nur ein paar Minuten in Anspruch nimmt, stellt einen wesentlichen Teil der Arbeit dar. Es wird nur leider von vielen Schülern als überflüssig angesehen. Wenn ich unüberlegt, ja vielleicht sogar ungestüm und hektisch ans Werk gehe, nur damit ich irgend etwas schreibe, kann es leicht geschehen, daß ich Dinge leiste, die überhaupt nicht gefordert sind. Ich verbrauche Energie und Zeit, ohne daß es mich meinem Ziel näher bringt. Wenn du zu Beginn ein paar Minuten für einen Überblick aufwendest, kannst du viel effektiver und damit zeitsparender arbeiten.

Keinen Plan haben heißt: keine Ahnung haben.

Hast du einen ersten Fahrplan für die Arbeit, kannst du weitere Pluspunkte sammeln, indem du – wie bei den Hausaufgaben – mit etwas Leichtem beginnst. So gewinnst du die wichtige positive Einstellung gegenüber der Arbeit. Wenn du dir von vornherein immer vor Augen hältst, was du alles nicht kannst, setzt du dich leicht unter Druck. Versuche, dich an dem zu orientieren, was du kannst, was dir am meisten liegt. Auf diese Weise hast du sehr schnell etwas auf dem Blatt stehen, was dir Sicherheit gibt. Mit dieser kannst du dich nun an die schweren Aufgaben heranwagen. Wenn du erst einmal richtig in Fahrt gekommen bist, kannst du einiges aus dir herausholen. Natürlich ist das auch wieder einer meiner billigen, aber dafür bewährten Tricks.

Klassenarbeit

Nun hoffe ich, daß es dir gelingen wird, dich in der nächsten Klassenarbeit so teuer wie möglich zu verkaufen. Im folgenden Abschnitt soll es zum letzten Mal um das Thema Klassenarbeit gehen. Und wir werden uns ein bißchen mit der Wichtigkeit von Noten beschäftigen. Aber das heben wir uns vielleicht für das nächste Mal auf. Für heute möchte ich dich bitten, das Buch zu schließen. Vielleicht sehen wir uns ja demnächst wieder. Bis dahin verbleibe ich mit einem langgezogenen tschüüüüüs.

6.6 Weshalb gibt es eigentlich Noten?

Gute Noten, gute Noten und nochmals gute Noten. Manchmal habe ich das Gefühl, während des ganzen Schullebens geht es für viele Schüler nur darum, möglichst gute Noten zu erhalten. Nicht die eigentliche Leistung steht im Vordergrund, sondern einzig und allein die gute Note. – Hauptsache das Resultat, die Note stimmt. Ganz gleich, unter welchen Umständen sie erzielt wurde.

Weshalb gibt es eigentlich Noten? Wir haben uns schon so sehr mit der Tatsache der Notengebung abgefunden, daß wir uns gar keine Gedanken darüber machen.

Noten sollen dem Schüler und den Eltern in erster Linie den aktuellen Leistungsstand vermitteln. Wie wir in den vorigen Abschnitten gesehen haben, muß das nicht immer dem Wissensstand entsprechen. Oder anders gesagt, nicht jeder, der eine 1 erzielt hat, hat alles begriffen. Aber auch nicht jeder, der eine 6 schreibt, ist vollkommen ahnungslos. Aus diesem Grund sollte man eine Note immer mit Vorsicht genießen und nicht überbewerten!

Nie vergessen:
Noten sind wichtig, aber es gibt eine Menge Wichtigeres!

Klassenarbeit

Sicher ist es schön, eine gute Note zu erhalten. Aber so schwer das einzusehen ist, viel wichtiger ist es, daß du den eigentlichen Stoff gelernt hast. Später wird dich nie wieder jemand danach fragen, welche Noten du in der 8. Klasse hattest. Das einzige, was von dir verlangt wird, ist der Schulstoff. Den mußt du können. Da geht kein Weg vorbei. Ich weiß, daß es viel von dir verlangt ist, mehr auf dein eigentliches Wissen als auf deine Noten zu achten. Schließlich erwarten ja unsere Eltern und Lehrer fortwährend diese guten Noten von uns.

Versuche einfach, beides ein bißchen im Auge zu behalten. Laß dich nicht von Lehrern beirren, die dir – vielleicht aus ungerechtfertigten Gründen – eine schlechte Note androhen oder sogar geben. Sei aber auch wachsam bei Lehrern, die nur gute Noten verteilen. Durch sie kann man sich in falscher Sicherheit wiegen. Das kann auf Dauer gefährlich werden.

Damit ich mich wirklich an dem orientiere, was ich kann und was nicht, werte ich meine Prüfungen und Klassenarbeiten aus. Das mache ich aber nicht mit der guten alten Verbesserung oder Berichtigung. Ich finde nämlich, daß sie einfach zu viel Zeit beansprucht und dann in aller Regel doch nie wieder angeschaut wird. Das lohnt sich für mich nicht. Wenn ich schon Zeit opfere, will ich auch etwas davon haben. Also habe ich ein System gefunden, bei dem ich mit geringem Aufwand über einen längeren Zeitraum einen Überblick über meine Stärken und Schwächen gewinnen kann.

Die Idee, von der ich rede, ist die sogenannte *Fehlerstrichliste*. Zu meinen wichtigsten Fächern, in denen ich Klassenarbeiten oder Prüfungen schreibe, habe ich mir eine solche Fehlerstrichliste angefertigt. Die Fehlerstrichliste für das Fach Mathematik könnte zum Beispiel folgendermaßen aussehen:

Klassenarbeit

Schuljahr: *1994 (6. Klasse)*

Fach: *Mathe*

Fehlerart	1. Arbeit	2. Arbeit	3. Arbeit	4. Arbeit
Addition von Brüchen	III	IIII	I	II
Erweitern/kürzen	II	I	III	I
Vorzeichen	I		I	III
Umformung	IIIII	III		I
Textaufgaben	II		I	
Prozentrechnung	II	II	I	

Für das Ausfüllen benötigst du, im Gegensatz zur klassischen Verbesserung, nur ein paar Minuten. Das ist schon einmal ein ganz wichtiger Vorteil. Weiterhin siehst du auf einen Blick, wie du dich durch die letzten Arbeiten entwickelt hast. Wo hast du Lücken schließen können, wo sind neue entstanden?

Habe ich mir einen klaren Überblick über meine Lücken verschafft, kann ich viel gezielter und damit effektiver an die Vorbereitung für die nächste Klassenarbeit gehen. Ich vergeude keine Zeit mit unnötiger Wiederholung. Auf der nächsten Seite findest du noch zwei Fehlerstrichlisten, die du als Kopiervorlagen verwenden kannst.

Klassenarbeit

Schuljahr: ___________

Fach: ______________

Fehlerart	1. Arbeit	2. Arbeit	3. Arbeit	4. Arbeit

Schuljahr: ___________

Fach: ______________

Fehlerart	1. Arbeit	2. Arbeit	3. Arbeit	4. Arbeit

Klassenarbeit

Wer aus Fehlern nicht lernt, muß es halt aus Büchern tun.

Damit hätten wir es wieder einmal geschafft. Und zwar nicht nur mit diesem Kapitel, sondern sogar mit dem ganzen Buch! Oder halt, ich sehe, da kommt ja doch noch ein kleines Kapitelchen. Ein Schlußkapitelchen sozusagen. Wenn du magst, lies direkt weiter. Andernfalls kannst du dir diesen Nachtisch auch für später aufheben. Auf jeden Fall findest du hier den Platz für den letzten verbleibenden Aufkleber.

7. Wie, immer noch nicht Schluß?

Gleich hast du es geschafft. Hier möchte ich noch ein paar allgemeine Gedanken loswerden.

Du bist in diesem Buch einigen Tips und Tricks begegnet, mit denen du vielleicht effektiver und damit erfolgreicher arbeiten kannst. Es ist mir durchaus bewußt, daß nicht jeder Ratschlag für dich geeignet ist. Du sollst nach dem Lesen des Buches auch nicht dein komplettes Lernverhalten auf den Kopf stellen! Ich glaube, das wäre etwas zuviel verlangt.

Es geht jetzt vielmehr darum, daß du dir Gedanken machst, welche der angegebenen Lernhilfen du für dich nutzen willst. Suche dir dabei nicht zu viele auf einmal heraus. Entscheide dich vielmehr für deine Favoriten und versuche, diese dann konsequent zu verwirklichen. Nimm dir dabei auf jeden Fall genügend Zeit! Ein Umlernen auf neue Techniken ist am Anfang immer mit Schwierigkeiten verbunden. Das darfst du nie vergessen. Der Erfolg stellt sich erst nach einer Weile ein. Dann lohnt es sich aber auch!

Überlege dir genau, welche neuen Methoden du für dein Lernen anwenden willst.

Wie, immer noch nicht Schluß?

Am Schluß noch etwas ganz Persönliches. Ich habe das Buch geschrieben, damit das Lernen wieder ein bißchen das wird, was es eigentlich sein sollte, nämlich interessant. Ich wollte Schülern Hilfen an die Hand geben, mit denen ihnen das Lernen einfacher fallen soll. Dabei wollte ich das Lernen aus verschiedenen Blickwinkeln betrachten. Ja, ich wollte Schülern verdeutlichen, daß dieses so oft als »Pauken« abgetane Lernen auch Spaß machen kann. Jetzt kannst du vielleicht auch verstehen, weshalb ich mich für diesen Titel entschieden haben.

Mich interessiert aber auch ganz besonders die Meinung der eigentlichen Hauptperson dieses Buches, nämlich deine. Deshalb würde es mich sehr freuen, wenn du mir schreiben würdest, ob und mit welchem Lerntip du gute Erfahrungen gemacht hast. Vielleicht sind dir ja auch beim Lesen des Buches ganz neue Lernideen oder Verbesserungsvorschläge eingefallen, die wir dann vielleicht in einem neuen Buch veröffentlichen könnten. Egal was es ist, ich freue mich über jeden Brief, den du mir an folgende Adresse schickst:

Reinhard Schmitt-Hartmann
c/o Studienhaus St. Blasien
Hans-Thoma-Weg 4

79837 St. Blasien

Jetzt heißt es aber endgültig Abschied nehmen. Ich wünsche Dir, auch wenn es wieder abgegriffen klingt, viel viel Erfolg und vor allem Spaß beim Lernen, möglicherweise hören wir ja noch einmal voneinander,

Reinhard Schmitt-Hartmann.

8. Die »Gedächtnis-Ergänzung«

Dieser Abschnitt gehört zum Kapitel Gedächtnis!

1. Phase:
Du hast jetzt sicher erwartet, daß du sofort die fünf Wörter aufschreiben sollst? Das sollst du auch. Aber vorher habe ich noch eine kleine Matheaufgabe für dich:

$$3 + 5 + 6 - 3 - 1 = ?$$

So, und jetzt schreibe die Wörter auf, die dir noch einfallen:

Wenn du fertig bist, kannst du auf Seite 39 weiterlesen.

Die »Gedächtnis-Ergänzung«

2. Phase:
Bevor du die Wörter aufschreibst, habe ich mal wieder eine von diesen tollen Matheaufgaben für dich:

6 – 4 + 9 – 1 – 3 = ?

Alles gelöst? Dann schreibe jetzt die Wörter auf, die dir noch einfallen:

____

____

____

____

____

____

____

____

____

____

____

Alles klar? Birne voll ausgequetscht? War es vielleicht doch etwas schwieriger als im ersten Test? Warum war es diesmal so schwer? Du hattest doch so viel Zeit zur Verfügung. Hast du die fehlenden Wörter alle vergessen?

Die »Gedächtnis-Ergänzung«

Bevor du zurückblätterst, will ich dir noch eine kleine Hilfe anbieten: Hier unten findest du einen Kasten, in dem viele Wörter stehen. Unter anderen befinden sich dort auch die Wörter, die du dir merken solltest. Allerdings haben sich auch ein paar andere »Blindgänger« eingeschlichen. Sollten dir beim Lesen noch ein paar der gesuchten Wörter einfallen, so kannst du sie – vielleicht mit einer anderen Farbe – noch auf der vorherigen Seite ergänzen.

Gitarre	Geige	Gold	Butter	Hut	Hose
Schere	Herz	Decke	Kleber	Hund	Kiste
Maske	Gürtel	Lampe	Pfanne	Leder	Briefmarke
Kuchen	Uhr	Knopf	Bett	Wein	Müll
Ring	Stern	Tafel	Kalender	Telefon	Trommel
Computer	Puppe	Locher	Bild	Stein	Schlitten
Vase	Pferd	Blatt	Milch	Sessel	Teppich

Jetzt kannst du wieder zurück zur Seite 39 blättern.

9. Lösungen

Lösung 1. Test von Seite 20f.

5	1
11	4
4	1
6	4
9	8
1	2
5	4
11	1
2	4
12	1
3	1
6	7
8	3

8	1
3	5
1	3
7	3
2	5
5	3
6	4
6	6
2	5
3	3
11	2
14	3

Lösung 2. Test von Seite 25f.

3	2
4	3
3	3
3	4
6	3
2	5
1	1
5	2
7	3
4	1
1	5
2	6

4	5
2	4
3	6
9	1
4	3
3	3
4	1
1	3
5	1
1	5
3	6
1	3
5	8

Lösungen

Lösung 3. Test von Seite 34f.

8	3
6	1
7	7
3	2
2	13
1	9
7	10
2	4
2	3
8	8
4	7
5	3
1	1

3	3
7	2
5	1
1	9
5	3
2	6
1	6
2	3
9	1
2	11
1	4
10	4

Lösung zum Tier-Rätsel von Seite 75.

Willst du es nicht noch einmal selbst versuchen? Nein? Wirklich nicht? Letzte Chance! – Also gut, hier sind die gesuchten Tiere: Laus, Eber, Gans, Sau, Fohlen, Amsel, Hund, Tiger, Esel, Ziege, Maus, Mücke, Kater, Affe, Rentier, Kamel und Schaf.

10. Bücher zur Lernmethodik

Endres, W. / Althoff, D.: Das Anti-Pauk-Buch. Lerntips und -tricks für Schüler und Schülerinnen (11-16 Jahre). Beltz Lern-Trainer, Weinheim und Basel, 5. Aufl. 1994, ISBN 3-407-38001-1. Sehr gutes, preisgünstiges Buch.

Endres, W. / Berhard, E.: So ist Lernen klasse. Kösel Verlag, München 1989, ISBN 3-466-30290-0.
Ein Buch, das für die Zusammenarbeit von Schülern und Eltern geschrieben ist. Zielgruppe: Unter- und Mittelstufe.

Endres, W. / Forster, M. / Liebetanz, F. / Petermann, A.: Mündlich: gut. Die Lernmethodik zur mündlichen Mitarbeit. Beltz Lern-Trainer, Weinheim und Basel 1990, ISBN 3-407-83104-8.

Endres, W. / Ortlieb, H.: Meine beste Lernmethode. Lernkassette mit Übungsbuch als Hausaufgabenhilfe. Beltz Lern-Trainer, Weinheim und Basel, 4. Aufl. 1991, ISBN 3-407-83062-9.

Endres, W. u.a.: Lernen mit Kniff und Pfiff. Kleine Lernmethodik (9-13 Jahre). Beltz Lern-Trainer, Weinheim und Basel, 6. Aufl. 1994, ISBN 3-407-38015-1. Lerntips werden in Form von Geschichten vermittelt.

Endres, W. u.a.: So macht Lernen Spaß. Praktische Lerntips für Schüler und Schülerinnen (11-16 Jahre). Beltz Lern-Trainer, Weinheim und Basel, 12. Aufl. 1993, ISBN 3-407-38016-X. Der Klassiker. Eines der ersten Bücher dieser Art.

Endres, W.: Gewußt wie. Sparkassen Schul Service. Das »Gewußt wie« ist eine Zusammenfassung des Buches »So macht Lernen Spaß«. Man bekommt es kostenlos bei der Sparkasse. Zielgruppe: Unter- und Mittelstufe.

Hülshof, F. / Kaldewey, R.: Training. Rationeller Lernen und Arbeiten. Klett Verlag, Stuttgart, 9. Aufl. 1990, ISBN 3-129-22193-X. Zielgruppe: Mittel- und Oberstufe.

Richter, W. / Pieritz, R.: Keine Angst vor Klassenarbeiten. Ein Übungsprogramm mit Tonkassette. Beltz Lern-Trainer, Weinheim und Basel, 4. Aufl. 1991, ISBN 3-407-83055-6

Schräder-Naef, R.: Der Lern-Trainer für die Oberstufe. Beltz Lern-Trainer, Weinheim und Basel, 4. Aufl. 1991, ISBN 3-407-83091-2.

Schräder-Naef, R.: Rationeller Lernen lernen. Ratschläge und Übungen für alle Wißbegierigen. Beltz Weiterbildung, Weinheim und Basel, 18. Aufl. 1994, ISBN 3-407-36316-8. Ein Lernmethodikbuch, das sich eher an Studenten und Erwachsenen richtet.

Thieme, A.: Konzentration. Trainingsprogramm (6.-9. Klasse). Beltz Lern-Trainer, Weinheim und Basel 1994, ISBN 3-407-38004-6.
Sehr gutes Buch für Schüler der Unter- und Mittelstufe.

Vollmer, G. / Hoberg, G.: Top-Training Lern- und Arbeitsstrategien. Klett Verlag, Stuttgart, 2. Aufl. 1988, ISBN 3-128-91700-0. Das Buch behandelt insbesondere Merktechniken.

Bitte fordern Sie kostenlos und unverbindlich Katalog und Informationsmaterial an

Materialien für rationelleres Lernen

Übungsprogramme zur Konzentrationsförderung

Lerntechnikseminare und Ferienkurse für Schüler

Senden Sie mir kostenlos und unverbindlich Ihren Katalog und Informationsmaterial. Ich interessiere mich für:

- ☐ **Materialien für rationelleres Lernen**
  (Kassetten, Karteien, Trainingsprogramme, Lernzubehör)
- ☐ **Übungsprogramme zur Konzentrationsförderung**
  (Konzentrationstraining und Autogenes Training für Schüler)
- ☐ **Lerntechnikseminare und Ferienkurse für Schüler**
  - ☐ Inland
  - ☐ Ausland

Gewünschtes bitte ankreuzen
Bitte tragen Sie Ihren Namen und Ihre Anschrift auf der Rückseite ein

Senden Sie mir kostenlos und unverbindlich Ihren Katalog und Informationsmaterial. Ich interessiere mich für:

- ☐ **Materialien für rationelleres Lernen**
  (Kassetten, Karteien, Trainingsprogramme, Lernzubehör)
- ☐ **Übungsprogramme zur Konzentrationsförderung**
  (Konzentrationstraining und Autogenes Training für Schüler)
- ☐ **Lerntechnikseminare und Ferienkurse für Schüler**
  - ☐ Inland
  - ☐ Ausland

Gewünschtes bitte ankreuzen
Bitte tragen Sie Ihren Namen und Ihre Anschrift auf der Rückseite ein

Wenn die Antwortkarten bereits herausgetrennt sind, schreiben Sie bitte oder rufen Sie kurz an:

Studienhaus St. Blasien
Hans-Thoma-Weg 4
79837 St. Blasien
Telefon 07672 / 2289

Absender:

Name, Vorname

Straße, Nr.

PLZ, Ort

Lernteam ENDRES

POSTKARTE

Bitte freimachen

An das
Studienhaus St. Blasien
Hans-Thoma-Weg 4

79837 St. Blasien

Absender:

Name, Vorname

Straße, Nr.

PLZ, Ort

Lernteam ENDRES

POSTKARTE

Bitte freimachen

An das
Studienhaus St. Blasien
Hans-Thoma-Weg 4

79837 St. Blasien